Your Malvern Gu for GCSE

French Vocabulary

Val Levick

Glenise Radford

Alasdair McKeane

Titles available
from
Malvern Language Guides:

French	German	Spanish	Italian
Vocabulary Guide	Vocabulary Guide	Vocabulary Guide	Vocabulary Guide
Speaking Test Guide	Speaking Test Guide	Speaking Test Guide	Speaking Test Guide
Grammar Guide	Grammar Guide	Grammar Guide	Grammar Guide
French Dictionary	German Dictionary		
Mon Echange Scolaire	Mein Austausch	Mi Intercambio Escolar	
Ma Visite En France			
Key Stage 3 Guide	Key Stage 3 Guide	Key Stage 3 Guide	
CE 13+ French			
Standard Grade French			

(Order form inside the back of this book - photocopy and return)

CONTENTS

Please note the following points:

- * These verbs take **être** in the perfect and other compound tenses.

- *irreg* These verbs are *irreg*ular.

- In lists where **aller**, **être** and **faire** occur more than once only the first one is marked *irreg*.

- † These **–er** verbs are broadly regular, but have variations in some tenses.

- Nouns marked (m) are masculine, nouns marked (f) are feminine, nouns marked (m)(f) can be either masculine or feminine as appropriate

- Adjectives which never change are marked *inv*.

- Page references are made at the end of sections to indicate other words which might be useful to the topic.

- To avoid repetition, common verbs, adjectives, adverbs, prepositions, conjunctions, question words, numbers, dates and times are in lists on pages 78 - 86.

- Opinions and justifications are on pages 76 – 78

MY WORLD

1A SELF, FAMILY AND FRIENDS

La famille et les amis
Family and friends

la femme	wife
la fille	daughter
le fils	son
le frère	brother
la maman	mummy
le mari	husband
la mère	mother
le papa	daddy
les parents (m)	parents, relatives
le père	father
la sœur	sister

le beau-fils	stepson
le beau-frère	brother-in-law
le beau-père	stepfather, father-in-law
la belle-fille	stepdaughter, daughter-in-law
la belle-mère	stepmother, mother-in-law
la belle-sœur	sister-in-law
la compagne	partner
le compagnon	partner
le demi-frère	half brother
la demi-sœur	half sister
l'époux (m)	spouse
l'épouse (f)	spouse

le bébé	baby
le cousin, la cousine	cousin
le gendre	son-in-law
la grand-mère	grandmother
le grand-père	grandfather
les grands-parents (m)	grandparents
le neveu	nephew
la nièce	niece
l'oncle (m)	uncle

la petite-fille	granddaughter
le petit-fils	grandson
les petits-enfants	grandchildren
la tante	aunt
les jumeaux (m)	twins (boys, mixed)
les jumelles (f)	twins (girls)

la (jeune) fille	girl
l'ami (m), l'amie (f)	friend
le, la camarade	friend
le copain	friend (boy)
la copine	friend (girl)
la dame	lady
l'enfant (m)(f)	child
la femme	woman
le garçon	boy
le petit ami	boyfriend
la petite amie	girlfriend
le voisin, la voisine	neighbour
les gens (m)	people
l'homme (m)	man
le jeune homme	young man
le monsieur	gentleman

l'adolescent (m), l'adolescente (f)	teenager
l'adulte (m)(f)	adult
le, la célibataire	single man, woman
le correspondant	penfriend
la correspondante	penfriend
le divorcé	divorced man
la divorcée	divorced woman
l'étranger (m)	foreigner, stranger
l'étrangère (f)	foreigner, stranger
le fiancé, la fiancée	fiancé, fiancée
le, la gosse	kid (slang)
les parents (m)	relatives
le vieillard	old man

les gens du troisième âge (m)
.... senior citizens
la jeune génération....... the younger generation
les jeunes mariés (m)... newly-weds
le retraité..................... retired man
la retraitée .... retired woman
le veuf......................... widower
la veuve...................... widow

l'enfance (f) .... childhood
la jeunesse................... youth, young people
la vieillesse .... old age

Comment est-il/elle?   What is he/she like?
adoptif, adoptive.......... adopted
âgé............................ aged, elderly, old
aîné .... elder
cadet, cadette .... younger, youngest
célibataire .... single
divorcé .... divorced
familial....................... of the family
fiancé .... engaged
marié.......................... married
orphelin...................... orphaned
séparé .... separated
unique .... only
veuf, veuve .... widowed

anglican...................... Anglican, CE
athée........................... atheist
catholique .... Catholic
chrétien, chrétienne...... Christian
hindou .... Hindu
juif, juive .... Jewish
musulman .... Muslim
protestant .... Protestant
sans religion............... of no religion
sikh *inv* .... Sikh

Les animaux domestiques   Pets
la cage .... cage
le chat......................... cat

le chaton .... kitten
la chatte .... female cat
le cheval .... horse
le chien .... dog
la chienne .... female dog
le chiot....................... puppy
le cochon d'Inde .... guinea pig
la gerbille.................... gerbil
le hamster .... hamster
le lapin....................... rabbit
l'oiseau (m) .... bird
le perroquet .... parrot
la perruche................. budgerigar
le poisson rouge .... goldfish
la souris .... mouse

dresser .... to train
garder.......................... to keep, look after
siffler .... to whistle

Les coordonnées   Personal details
l'adresse (f)................. address
la carte d'identité.......... identity card
le code postal............... postcode
la date de naissance ...... date of birth
le domicile.................. place of residence
le lieu de naissance....... place of birth
Madame...................... Mrs, Ms
Mademoiselle .... Miss
Monsieur .... Mr
la nationalité................ nationality
né(e) le....................... born on
le nom (de famille)....... (sur)name
le numéro de télécopie .fax number
le numéro de téléphone phone number
le passeport................. passport
le pays natal................. native country
la pièce d'identité .... proof of identity
le prénom..................... first name
les rapports (m) .... relationship
les relations (f) .... relationship
le sexe......................... sex, gender

la signature .... signature
la taille .... height, size

Ça s'écrit comment? ..... How do you spell
that?
demeurer .... to live (reside)
épeler † .... to spell
habiter .... to live (reside)

L'âge   **Age**
l'an (m), l'année (f) ...... year
l'anniversaire (m) .... birthday
la date .... date
majeur .... adult, over 18
mineur .... under 18
le mois .... month
la naissance .... birth

Phrases

Je m'appelle David. J'ai seize ans. *My name is David. I am 16*

J'habite Londres. *I live in London*

Mon anniversaire est le dix-neuf mai *My birthday is May 19th*

Je suis né(e) en dix-neuf cent quatre-vingt-huit *I was born in 1988*

Je suis né(e) à York *I was born in York*

Je suis anglais(e)/écossais(e)/gallois(e)/irlandais(e)/britannique *I am English/Scottish/Welsh/ Irish/British*

J'ai un frère et deux sœurs *I have one brother and two sisters*

Mon père est maçon, ma mère est infirmière *My father is a builder, my mother is a nurse*

Mes parents sont divorcés *My parents are divorced*

Je m'entends bien avec mon frère *I get on well with my brother*

J'ai un chien; il est grand et brun *I have a dog; he is big and brown*

Comment est-il/elle?   What is he/she like?

la barbe .... beard
la coiffure .... hairdo
la frange .... fringe
les lunettes (f) .... pair of glasses
la moustache .... moustache
le poids .... weight

aveugle .... blind
bronzé .... tanned
costaud.......................... stocky, sturdy
maigre .... thin
mince .... slim
pâle .... pale
trapu............................. stocky
vilain............................. ugly, nasty, bad

blond .... blonde
bouclé........................... curly (wavy)
châtain *inv* .... light brown, chestnut
chauve .... bald
épais .... thick (hair)
frisé .... curly (frizzy)
grisonnant.................... greying
raide .... straight (hair)
roux .... red (hair)

habillé de..................... dressed in
de race blanche............ white
de race noire................. black
de taille moyenne .... of average height

3

Des professions　　Professions

l'agent de police (m).... policeman
l'ambulancier (m) .... ambulance driver
l'assistant social (m).... social worker
l'assistante sociale (f) .. social worker
le chirurgien .... surgeon
le, la dentiste .... dentist
le directeur, la directrice ...headteacher
le docteur .... doctor
le, la fonctionnaire .... civil servant
l'homme politique (m). politician
l'infirmier (m) .... nurse
l'infirmière (f) .... nurse
l'instituteur (m) .... primary teacher
l'institutrice (f) .... primary teacher
le médecin .... doctor
le policier .... policeman
le (sapeur) pompier ...... fireman
le professeur .... teacher (secondary)
le, la vétérinaire .... vet

l'animateur (m) .... organiser, presenter
l'animatrice (f) .... organiser, presenter
l'architecte (m)(f) .... architect
l'artiste (m)(f) .... artist
l'auteur (m) .... author
l'avocat (m) .... lawyer
le comptable................ accountant
le décorateur .... decorator
le dessinateur .... designer
la dessinatrice .... designer
le directeur, la directrice ...director
l'écrivain (m) ....writer
l'employé de bureau (m)...office worker
l'employée de bureau (f)...office worker
la femme au foyer .... housewife
la femme d'affaires ...... business woman
le financier .... financier
l'homme d'affaires (m).....businessman
l'informaticien (m) ...... computer scientist
l'informaticienne (f) .... computer scientist
l'ingénieur (m) .... engineer

le, la journaliste ....journalist
le, la météorologiste .....meteorologist
le musicien .... musician
la musicienne.............. musician
le programmeur .... programmer
la programmeuse .... programmer
le, la scientifique .... scientist
le sculpteur .... sculptor
le technicien .... technician
la technicienne............. technician
le traducteur................ translator

l'agent de voyages (m) ..... travel agent
l'agent immobilier (m) ..... estate agent
le boucher, la bouchère .... butcher
le boulanger, la boulangère ... baker
le caissier, la caissière ..till operator, cashier
le charcutier, la charcutière ... pork butcher
le coiffeur, la coiffeuse..... hairdresser
le commerçant ....shopkeeper
la commerçante ....shopkeeper
le confiseur.................. confectioner
l'épicier (m).................. grocer
le, la fleuriste .... florist
le garagiste .... garage owner
l'hôtelier (m), l'hôtelière (f).. hotelier
le, la libraire .... bookseller
le marchand de fruits ....fruitseller
le marchand de journaux .. newsagent
le marchand de légumes ... greengrocer
le papetier .... stationer
le pâtissier .... confectioner
le pharmacien .... chemist
la pharmacienne .... chemist
le, la photographe .... photographer
le poissonier .... fishmonger
le quincailleur.............. ironmonger
le vendeur, la vendeuse sales assistant

l'agriculteur (m) ....farmer
l'artisan (m)................. craftsman
le camionneur .... lorry driver

le chanteur, la chanteuse...singer
le charpentier...............carpenter
le chauffeur d'autobus......bus driver
le chauffeur de taxi.......taxi driver
le chef............................chef; boss
le, la concierge..............caretaker
le cuisinier, la cuisinière...cook
la dactylo.....................typist
l'électricien (m)............electrician
le facteur, la factrice.....postman, postwoman
la femme de ménage.....domestic cleaner
le fermier, la fermière...farmer
le garçon de café..........waiter

le gendarme.................policemen
l'hôtesse de l'air (f)......flight attendant
le jardinier...................gardener
le maçon.......................builder
le marin/le matelot........sailor
le mécanicien...............mechanic
la mère au foyer...........housewife
le mineur......................miner
le moniteur, la monitrice..instructor
l'ouvrier (m), l'ouvrière (f)..worker
le pêcheur....................fisherman
le pilote.......................pilot
le plombier...................plumber
le, la secrétaire.............secretary
le serveur, la serveuse...waiter, waitress
le soldat.......................soldier

Le lieu de travail   The workplace

le bureau......................office
l'école (f).....................school
l'entreprise (f).............firm
à l'extérieur.................outdoors
l'hôpital (m)................hospital
à l'intérieur.................indoors
le laboratoire...............laboratory
le magasin...................shop
l'usine (f)....................factory

le comité......................committee
la commande...............order

Les salutations   Greetings

Salut.............................Hi
Allô..............................Hello (phone)
Entrez..........................Come in
Asseyez-vous...............Sit down
A bientôt......................See you soon
A demain.....................See you tomorrow
A tout à l'heure............See you later
Au revoir......................Goodbye
Bon courage.................Good luck
Bon séjour...................Enjoy your stay
Bon voyage.................Have a good journey
Bon week-end..............Have a good weekend
Bonne nuit...................Good night
s'il vous plaît...............please
merci............................thank you

faire la connaissance de...to meet s.o.

Phrases

Bonjour Monsieur, Madame *Good morning/Good afternoon*

Bonsoir Mademoiselle *Good evening*

Soyez le bienvenu/Vous êtes la bienvenue *Welcome*

Je te/vous présente Jean *May I introduce Jean?*   Enchanté(e) *Pleased to meet you*

Comment ça va?/Ça va? *How are you?*

Ça va très bien, merci *Very well, thank you*   Comme ci, comme ça *So-so*

On rend visite à quelqu'un
Being a guest

le correspondant..........	penfriend
la correspondante........	penfriend

l'hospitalité (f)............	hospitality
l'hôte (m)....................	host
l'hôtesse (f).................	hostess
l'invité (m)..................	guest
l'invitée (f)..................	guest

la brosse à dents..........	toothbrush
le cadeau.....................	present
la couverture...............	blanket
le dentifrice.................	toothpaste
le savon.......................	soap
le shampooing..............	shampoo
la valise......................	suitcase

accueillant...................	welcoming
âgé..............................	aged, elderly
aîné	elder
bienvenu	welcome
cadet...........................	younger, youngest
anglais.........................	English

britannique	British
écossais........................	Scottish
français	French
gallois	Welsh
irlandais.......................	Irish
de la part de	from (person)

accueillir *irreg*.............	to welcome
avoir besoin de *irreg*....	to need
donner un coup de main à	to help
faire la bise *irreg*..........	to kiss (greeting)
offrir à *irreg*	to give (present)
parler anglais	to speak English
parler français..............	to speak French
partager †.....................	to share
prêter	to lend
remercier	to thank
revoir *irreg*..................	to see again
se trouver*...................	to be situated
sourire *irreg*.................	to smile

For **opinions** see page 76

Phrases

Merci de tout *Thank you for everything*

J'ai passé des vacances merveilleuses *I've had a wonderful holiday*

Vous avez/Tu as été si gentil *You have been so kind*

Remercie tes parents de ma part, s'il te plaît *Say thank you to your parents for me, please*

J'aimerais bien revenir vous/te voir *I'd love to come and see you again*

Écrivez bientôt/Écris bientôt *Write soon!*

1B INTERESTS AND HOBBIES

Les sports Sport

l'ambiance (f) ....atmosphere
la distraction ....entertainment
les loisirs (m)...............free time
le passe-temps ....pastime
le spectacle ....entertainment
le temps libre ....free time
les vacances (f) ....holidays
le week-end ....weekend

l'adhérent (m)..............member (club, etc)
l'arbitre (m) ....referee
le champion ....champion
la championne ....champion
l'amateur (m)...............fan, amateur
l'équipe (f)...................team
le gardien de but ....goalkeeper
le joueur......................player

le club de tennis/football .. tennis/football club
le complex sportif........sports centre
le terrain......................ground, pitch, court

le but...........................goal
le championnat ....championship, contest
la compétition..............competition
le concours...................competition
la cotisation ....membership fee
le coup de pied.............kick
l'étape (f) ....stage (race)
le jeu ....game
le match ....match
le match nul ....draw
la partie de ... .game of ...
le tournoi ....tournament

Quel sport aimez-vous?
Which sport do you like?

l'athlétisme (m) ....athletics
le basket......................basketball

le cricket......................cricket
le foot/football..............football
la gymnastique ....gymnastics
le hockey ....hockey
la natation...................swimming
le netball......................netball
le rugby ....rugby
le tennis ....tennis
le volley.......................volleyball

les arts martiaux (m) .... martial arts
le bowling ....bowling
la boxe.........................boxing
le cyclisme ....cycling
l'équitation (f) ....horse riding
l'escalade (f)................rock climbing
les fléchettes (f)............darts
le golf ....golf
le jogging ....jogging
le judo ....judo
le patinage ....ice skating
le patinage à roulettes... roller skating
la pêche ....fishing
le ping-pong ....table tennis
le ski ....ski-ing
le snooker....................snooker
les sports d'hiver (m) ....winter sports
les sports nautiques (m) ......water sports
le tennis de table ....table tennis
la voile.........................sailing

Le matériel sportif Sports equipment

la balle ....ball (small)
le ballon.......................football
les baskets (f) ....trainers
la canne à pêche ....fishing rod
les chaussures de sport (f) ...trainers
la crosse de hockey ......hockey stick
l'équipement (m)..........equipment, kit
le maillot de bain..........swimsuit

le matériel .... equipment, kit
les patins (m) à roulettes ...roller skates
la pédale .... pedal
la planche à roulettes ... skateboard
la planche à voile .... sailboard
la planche de surf .... surfboard
la raquette .... tennis racquet
les skis (m) .... skis
le VTT .... mountain bike

C'est comment?   **What is it like?**
comique .... funny
energique .... energetic
fanatique .... keen on
fatigant .... tiring
impressionnant............ impressive
interdit .... not allowed
logique .... logical
merveilleux .... marvellous
pas mal .... not bad
passionnant .... exciting
populaire .... popular
réduit........................... small scale, reduced
réel .... real
robuste .... tough
sportif .... sporty, keen on sport

Que faites-vous?   **What do you do?**
jouer au football .... to play football
jouer au tennis.............. to play tennis
jouer aux boules........... to play boules

faire de la natation *irreg* ...to swim
faire de la planche à roulettes
.... to skateboard
faire de la planche à voile .to windsurf
faire de la voile .... to go sailing
faire de l'alpinisme ...... to go mountaineering
faire de l'équitation...... to go horse riding
faire du cyclisme.......... to cycle
faire du patin à roulettes ...to roller-skate
faire du patin .... to skate

faire du ski .... to ski
faire du vélo .... to cycle
faire partie de.............. to be part of
faire une partie de tennis
.... to play a game of tennis
faire une promenade ...... to go for a walk
faire une randonnée
.... to hike, go for a long walk

aller* à la pêche *irreg* ...to go fishing
annuler......................... to cancel
attraper .... to catch (fish, etc)
défendre....................... to defend
équiper........................ to equip
s'inscrire* .... to enrol,
                    put one's name down
jeter † .... to throw
lancer † .... to throw
marquer un but .... to score a goal
monter* à cheval .... to ride
participer .... to participate
se passionner* de .... to be keen on
patiner.......................... to skate
pêcher .... to fish
pratiquer un sport .... to do a sport
risquer.......................... to risk, be likely to
salir.............................. to make dirty
sauter .... to jump, leap

On va en ville   **Going into town**
à bicyclette .... on a bicycle
à pied .... on foot
à vélo .... on a bike
en autobus .... by bus
en métro....................... on the tube, underground
en taxi.......................... by taxi
en train........................ by train
en tramway .... by tram
en voiture.................... by car

l'arrêt d'autobus (m).....bus stop
le bureau de renseignements
................................information office
la gare ....station
la gare routière.............coach station
le guichet ....ticket office
la station de métro ....tube station

l'aller-retour (m)...........return ticket
le billet simple ....single ticket
la correspondance ....connection
l'heure d'affluence (f) ..rush hour
l'horaire (m) ....timetable
la ligne ....bus/tram route

deuxième ....second
direct............................direct, through
obligatoire....................compulsory
premier ....first
valable ....valid

Où allez-vous?   Where do you go?
le bal ....ball, dance
la boîte ....disco, night club
la boum ....party (celebration)
le club de jeunes ....youth club
la discothèque ....disco
la maison des jeunes .....youth club
la soirée ....evening, party

le bowling ....bowling alley
le centre sportif.............sports centre
la patinoire....................ice rink
la piscine......................swimming pool
le stade.........................stadium
le terrain de sport.........sports ground

le cinéma ....cinema
le club ....club
le concert ....concert
l'excursion (f)...............outing
la galerie ....gallery

le jeu d'arcade ....arcade game
la réunion ....meeting
la salle ....room, hall
la société ....society
le théâtre......................theatre
la visite guidée ....guided tour
le zoo...........................zoo

faire des courses *irreg*..to do the shopping
faire du lèche-vitrines ..to go window shopping
faire la queue...............to queue
faire les magasins.........to go round the shops

aller* à l'église *irreg*....to go to church
aller* à la messe ....to go to mass
aller* à la mosquée.......to go to the mosque
aller* à la synagogue....to go to synagogue
aller* en ville ....to go to town
aller* voir ....to go and see

composter le billet........to date stamp ticket
courir *irreg*..................to run
se diriger* † vers..........to go towards
emmener †....................to take s.o
prendre des photos *irreg*.. to take photos
quitter la maison...........to leave the house
rejoindre ....to join
réserver une place ....to book a seat
retourner*....................to return, go back
valider ....to stamp, validate
visiter un château ....to look round a castle

For **transport** see page 26
For **times** see page 85

La musique   Music
le baladeur....................personal stereo
la cassette ....cassette
le CD, disque compact ..... CD, compact disc
la hi-fi..........................hi-fi

la batterie .... drum kit
la clarinette .... clarinet
le clavier (électronique) ....keyboard
la flûte .... flute
la flûte à bec .... recorder
la guitare .... guitar
l'instrument (m) .... instrument
le piano .... piano
le trombone .... trombone
la trompette .... trumpet
le violon .... violin

la chanson .... song
la chorale .... choir
le genre .... type, sort
le groupe .... group
la musique classique .... classical music
la musique pop/rock .... pop/rock music
l'orchestre (m) .... orchestra, band
le tube .... hit

chanter dans la chorale to sing in the choir
jouer de la batterie .... to play the drums
jouer de la clarinette .... to play the clarinet
jouer de la flûte .... to play the flute
jouer de la guitare .... to play the guitar
jouer du piano .... to play the piano
jouer du violon .... to play the violin

On reste à la maison
Staying at home

l'appareil-photo (m) ..... camera
les cartes (f) .... cards
la collection .... collection
la couture .... sewing
la cuisine .... cooking
le dessin .... drawing
les échecs (m) .... chess
l'illustré (m) .... glossy magazine
le jeu de cartes .... card game
le jeu de dames .... draughts
le jeu de société .... board game

la lecture .... reading
le magazine .... magazine
le modélisme .... model-making
les mots croisés (m) ......crosswords
la musique .... music
la peinture .... painting
la pellicule .... film (photography)
la photographie .... photography
le poster .... poster
la revue .... magazine
le roman .... novel
le roman de science-fiction .. sci-fi story
le roman policier .... detective story
le vidéo .... video

amuser .... to amuse
attacher .... to fasten, attach
attirer .... to attract
bricoler .... to do DIY
collectionner .... to collect
coudre *irreg* .... to sew
faire de la peinture *irreg* ... to paint
faire des modèles réduits .. to make models
faire du théâtre .... to do drama
jouer aux cartes .... to play cards
mêler .... to mix, shuffle cards
peindre *irreg* .... to paint
réjouir .... to delight
se reposer* .... to rest
soutenir *irreg* .... to support
tirer .... to pull
tourner un film .... to make a film
tricoter .... to knit

L'informatique　　ICT

la base de données .... data-base
le catalogue .... disk manager
le cédérom .... CD ROM
le clavier .... keyboard
le curseur .... cursor
le disque dur .... hard disk
la disquette .... disk

l'écran (m) ....screen

un email/mel (m) ....e-mail

l'imprimante (f)............printer

l'internet (m) ....internet

le jeu électronique ....computer game

le jeu vidéo ....video game

le lecteur de disquettes .... disk drive

le logiciel ....computer software

la manette de jeux.........joystick

le menu ....menu

le moniteur....................monitor

la musique électronique... computer music

l'ordinateur (m) ....computer

l'outil (m) ....tool

la puce ....chip

le site-web ....web site

la souris ....mouse

le traitement de texte.... word processing

électrique......................electric

électronique..................electronic

technologique..............technological

charger † ....to load

éditer ....to edit

formater........................to format

imprimer.......................to print

sauver ....to save

For **Saturday jobs** see page 54

For **'when, where, with whom'** see page 31

For **opinions** see page 76

1C HOME AND LOCAL ENVIRONMENT

L'adresse (f)   Address

l'allée (f) .... lane, avenue
l'avenue (f) .... avenue
le boulevard .... boulevard, wide road
le centre .... centre
le chemin .... lane, path
l'impasse (f)................. cul de sac
le passage.................... passage, alley
la place........................ square
le pont .... bridge
le quai .... embankment, quay
la route .... main road
la rue .... street, road

l'adresse (f)................. address
le code postal .... postcode
le domicile .... place of residence
la messagerie électronique.e-mail
le numéro.................... number
le numéro de fax .... fax number
le numéro de téléphone......phone number

impair .... odd (numbers)
pair .... even (numbers)

Le logement   Housing

l'appartement (m)......... flat
le bâtiment................... building
la ferme .... farm
l'HLM (f) .... council/housing association flat
l'immeuble (m) .... block of flats
la maison .... house
la maison mitoyenne .... semi-detached house
le pavillon................... detached house, villa
le studio .... bedsit, studio

le déménagement.......... house move
l'habitant .... inhabitant
le, la locataire .... tenant
le propriétaire .... owner
les riverains (m) .... residents
le loyer........................ rent

Phrases

Où habites-tu? *Where do you live?*

J'habite Malvern *I live in Malvern*

Qu'est-ce qu'il y a dans ta chambre? *What is there in your bedroom?*

Il y a un lit, un canapé, une table, une chaise, une étagère, et une armoire.
There is a bed, a sofa, a table, a chair, shelves and a cupboard

J'habite au premier étage *I live on the first floor*

Quelles pièces y-a-t-il chez vous? *What rooms are there in your house?*

Il y a trois chambres, une cuisine, une salle à manger, un salon, et une salle de bains.
There are three bedrooms, a kitchen, a dining room, a living room and a bathroom

---

La location   Situation

la banlieue................... suburbs
la campagne................. country (not town)
le département .... department (county)
la mer........................... sea
le pays.......................... country (state)
le quartier.................... district of town, city

le village...................... village
la ville......................... town

à l'est (m) .... in the east
à l'ouest (m) .... in the west
au nord......................... in the north
au sud .... in the south

Les généralités   General
l'accueil (m) ....reception
l'ascenseur (m) ....lift
le couloir......................corridor
l'entrée (f)....................entrance
l'étage (m) ....floor, storey
le palier........................landing
le plan ....plan
la porte d'entrée............front door
le premier étage ....first floor, upstairs
le rez-de-chaussée.........ground floor
en bas...........................downstairs
en haut ....upstairs

Les pièces (f)   Rooms
la buanderie ....utility room
le bureau ....study
la cave..........................cellar
la chambre ....bedroom
la cuisine......................kitchen
le garage ....garage
le grenier......................attic, loft
la salle à manger...........dining room
la salle de bains ....bathroom
la salle de jeux ....playroom
la salle de séjour ....living room, lounge
le salon/séjour...............lounge, sitting room
le sous-sol ....basement
les toilettes (f)..............toilet
la véranda ....conservatory
le vestibule...................hall

les WC (m)..................toilet

La chambre (à coucher)   Bedroom
l'armoire (f).................wardrobe
le baladeur...................personal stereo
la brosse ....brush
la chaise.......................chair
la commode.................chest of drawers
l'étagère (f).................shelf
la glace ....mirror
la lampe.......................lamp
le lit ....bed
le livre ....book
la moquette..................fitted carpet
le peigne ....comb
le poster.......................poster
le rideau.......................curtain
le tapis ....rug, carpet (not fitted)
le tiroir........................drawer
particulier ....private, own

la cassette ....cassette
le CD ....compact disc
la chaîne compacte.......stereo system
le jeu-vidéo ....video game
les jouets (m)...............toys
le micro-ordinateur.......computer
le radio-réveil ....radio clock
le sèche-cheveux ....hairdryer
le téléviseur ....television set

Phrases

Est-ce que tu partages ta chambre? *Do you share a room?*

Non, j'ai une chambre pour moi *No, I have my own room*

Oui, je partage avec mon frère/ma sœur *Yes, I share with my brother/sister*

La cuisine   Kitchen
le congélateur ....freezer
la cuisinière à gaz ....gas cooker
la cuisinière électrique..electric cooker
le four à micro-ondes....microwave

le frigo.........................fridge
le lave-linge..................washing machine
le lave-vaisselle............dishwasher
le refrigerateur.............fridge

l'aspirateur (m) .... vacuum cleaner
l'essoreuse (f) .... spin dryer
l'évier (m) .... sink
le fer à repasser .... iron
le four .... oven
le grille-pain .... toaster
la machine .... machine
le micro-ondes (m) ...... microwave (oven)
le placard .... cupboard
le sèche-linge .... tumble dryer
congeler † .... to freeze

les allumettes (f) .... matches
la bouilloire .... kettle
la casserole .... saucepan
la cocotte .... casserole
le décapsuleur .... bottle opener
la lessive .... washing powder
la machine à laver .... washing machine
la marmite .... cooking pot
l'ouvre-boîte (m) .... can opener
l'ouvre-bouteille (m) ... bottle opener
la planche à repasser .... ironing board
le plateau .... tray
la poêle .... frying pan
la poubelle .... rubbish bin
le téléphone .... telephone
le torchon .... tea towel

La salle à manger   **Dining room**
la bougie .... candle
le buffet .... sideboard
la chaise .... chair
la nappe .... tablecloth
la table .... table
le tableau .... picture

La salle de séjour   **Living room**
Le salon   **Lounge**
la bibliothèque .... book-case
le canapé .... sofa, settee
le cendrier .... ashtray

la chaîne hi-fi .... stereo system
la cheminée .... fireplace, chimney
le coussin .... cushion
le fauteuil .... armchair
le feu .... fire
le magnétophone .... cassette recorder
le magnétoscope .... video recorder
la moquette .... fitted carpet
la pendule .... clock
la photo .... photo
le piano .... piano
la platine-laser .... CD player
le lecteur de DVD .... DVD player
la table basse .... coffee table
le téléviseur .... TV set
le vase .... flower vase

La salle de bains   **Bathroom**
la baignoire .... bath (tub)
le bain .... bath (activity)
le bidet .... bidet
la brosse à dents .... toothbrush
le dentifrice .... toothpaste
le déodorant .... deodorant
la douche .... shower
le drap de bain .... bath towel
l'eau chaude (f) .... hot water
l'eau froide (f) .... cold water
l'éponge (f) .... sponge
le gant de toilette .... flannel
le lavabo .... wash basin
le miroir .... mirror
le papier hygiénique ..... toilet paper
la prise-rasoir .... electric razor socket
le rasoir .... razor
le robinet .... tap
le savon .... soap
la serviette .... towel
le shampooing .... shampoo

For **helping at home** see page 48
For **daily routine** see page 19

14

Généralités	General
le balcon	balcony
le contenu	contents
le décor	decor
l'escalier (m)	staircase
la fenêtre	window
la grille	gate
le mètre carré	square metre
les meubles (m)	furniture
le mur	wall
le papier peint	wallpaper
la peinture	paint, painting
le plafond	ceiling
le plancher	floor
la poignée	door handle
la porte (d'entrée)	(front) door
la serrure	lock
la sonnette	doorbell
le toit	roof
le verre	glass
le volet	shutter

l'ampoule électrique (f)	light bulb
le bouton	switch
le chauffage central	central heating
la corde	flex
le courant	current
l'eau (f)	water
l'électricité (f)	electricity
le gaz	gas
l'interrupteur (m)	switch
la lumière	light
la prise de courant	plug
le radiateur	radiator

Le garage	Garage
l'auto (f)	car
la moto	motorbike
les outils (m)	tools
la tondeuse (à gazon)	lawnmower
le vélo	bike
la voiture	car

Le jardin	Garden
l'arbre (fruitier) (m)	(fruit) tree
le buisson	bush, shrub
la fleur	flower
le fruit	fruit
le gazon	lawn
la haie	hedge
l'herbe (f)	grass
le jardin potager	vegetable garden
le légume	vegetable
la pelouse	lawn
la plante	plant
la plate-bande	flower bed
le pommier	apple tree
la remise	shed
la serre	greenhouse
la terrasse	patio, terrace

C'est comment?	What is it like?
aménagé	fitted, converted
bizarre	odd, strange
chic	smart
commode	easy, convenient
confortable	comfortable
de luxe	luxurious
élégant	elegant
essentiel	essential
étroit	narrow
industriel	industrial
ménager	domestic, of the home
meublé	furnished
muni de	equipped with
nécessaire	necessary
parfait	perfect
pratique	practical
privé	private
touristique	tourist
typique	typical
vide	empty
de grand standing	posh
en bon état	in good condition
en mauvais état	in poor condition

15

C'est où?   Where is it?

au premier étage........... on the first floor
au rez-de-chaussée....... on the ground floor
derrière la maison....... behind the house
devant la maison......... in front of the house
donne sur la rue.......... overlooks the street
donne sur le jardin....... overlooks the garden
en bas......................... downstairs
en haut........................ upstairs
par ici......................... this way
par là......................... that way

La géographie   Geography

la caverne.................... cave
le climat...................... climate
la distance.................. distance
l'île (f)........................ island
le lac........................... lake
la montagne................ mountain
le pays........................ country
la province................. province
la région..................... region
la rivière..................... river
le ruisseau.................. stream
la vallée...................... valley

l'agriculture (f)............ agriculture
la banlieue.................. suburbs, outskirts
le bruit........................ noise
la capitale................... capital
l'environnement (m).... environment
l'espace (m)................ space
l'industrie (f)............... industry
la municipalité............ town
le silence.................... silence
le village.................... village
la ville........................ town
la vue......................... view

Les gens   People

l'agent de police (m).... policeman
l'automobiliste (m)(f).. motorist
le cycliste................... cyclist

la foule........................ crowd
les habitants (m).......... inhabitants
le maire....................... mayor
le paysan..................... countryman, farmer
le piéton..................... pedestrian

En ville   In town

Les bâtiments   Buildings

la banque..................... bank
la bibliothèque............. library
le bureau..................... office
le cinéma..................... cinema
le club de jeunes.......... youth club
le collège.................... secondary school
l'école (f).................... primary school
l'église (f)................... church
la gare........................ station
la gendarmerie............. police station
l'hôpital (m)................ hospital
l'hôtel de ville (m)........ town hall
le magasin................... shop
le marché.................... market
le parking.................... car park
la piscine.................... swimming pool
la poste....................... post office
la station-service.......... petrol station
l'usine (f).................... factory

le camping................... campsite
la cathédrale................ cathedral
le château.................... castle
l'hôtel (m).................. hotel
le musée...................... museum
l'office de tourisme (m)... tourist office
le stade........................ stadium
le syndicat d'initiative..tourist office
le théâtre..................... theatre

la cabine téléphonique..phone box
le centre commercial....shopping centre
le centre omnisports.....sports centre
le centre-ville............... town centre

la clinique .... clinic, hospital
le commissariat de police ..... police station
la fabrique .... factory
le gratte-ciel *inv* .... skyscraper
l'immeuble (m) .... block of flats
l'immeuble tour (m) ..... tower block
le kiosque .... newspaper stand
la mairie .... town hall
le poste de police .... police station

l'aéroport (m) .... airport
l'agence de voyages (f) .... travel agency
l'auberge de jeunesse (f) .. youth hostel
la gare routière .... coach station
le jardin des plantes ...... park
le palais .... palace
le parc .... park
la patinoire .... ice rink

Phrases

J'habite Malvern depuis dix ans *I have lived in Malvern for ten years*

Malvern est une petite ville près de Worcester *Malvern is a small town near Worcester*

Qu'est-ce qu'il y a à voir à Malvern? *What is there to see in Malvern?*

Il y a les collines, un petit musée, un jardin public et une grande église
There are the hills, a little museum, a park and a big church

On peut aller au théâtre, au cinéma ou à la piscine
You can go to the theatre, the cinema or the swimming pool

On peut faire des randonnées sur les collines *You can go for walks on the hills*

Des points de repère Landmarks

l'arrêt d'autobus (m) ..... bus stop
l'autoroute (f) .... motorway
l'avenue (f) .... avenue
la boîte aux lettres .... letter box
le boulevard .... wide street (with trees)
le bout de la rue .... end of the road
le carrefour .... crossroads
le métro .... underground
le milieu .... surrounding area
le passage à niveau .... level crossing
le passage piéton .... pedestrian crossing
le (passage) souterrain .. subway
la place .... square
le pont .... bridge
le rond-point .... roundabout

le chantier .... roadworks
la circulation .... traffic
le coin .... corner
le drapeau .... flag
les feux (m) .... (traffic) lights

l'horloge (f) .... clock (large public)
le port .... port
la rue piétonne .... pedestrian precinct
la tour .... tower
le trottoir .... pavement
la zone piétonne .... pedestrian precinct

la flèche .... church spire
les graffiti (m) .... graffiti
le panneau .... road sign, board
le périphérique .... ring road
le quartier .... district, area
la rocade .... bypass

Au jardin public In the park

le banc .... bench
le bassin .... basin, pool (park)
la fleur .... flower
la fontaine .... fountain
le jet d'eau .... fountain
le monument .... monument
la sculpture .... sculpture

A la campagne   In the country

l'arbre (m)...................	tree
le bois	wood
le bord........................	edge, river bank
la branche...................	branch
le champ.....................	field
la colline	hill
la forêt........................	forest
l'herbe (f)....................	grass
la nature	nature
le paysage	countryside
la pierre......................	stone
la résidence secondaire	second/holiday home
la rivière.....................	river
le rocher.....................	rock (stone)
le sentier.....................	footpath
chasser	to chase, hunt

A la ferme   On the farm

le canard.....................	duck
le cochon.....................	pig
l'écurie (f)....................	stable
la maison de ferme.......	farmhouse
le mouton...................	sheep
la poule	hen
le tracteur...................	tractor
la vache......................	cow
la vendange/les vendanges.....	grape harvest

le vignoble...................	vineyard
le viticulteur	vine cultivator

C'est comment?   What is it like?

agricole.......................	agricultural
animé..........................	lively
antique........................	ancient
dangereux....................	dangerous
entouré de	surrounded by ...
historique....................	historic
large............................	wide
local............................	local
naturel.........................	natural
plusieurs	several
pollué..........................	polluted
principal	principal, main
proche.........................	near
publique......................	public
sauvage.......................	wild
voisin..........................	nearby, neighbouring

For **prepositions** see page 79

Des verbes utiles   Useful verbs

aller* jusqu'à *irreg*.......	to go as far as
apercevoir *irreg*...........	to see, make out
continuer.....................	to carry on
fabriquer	to manufacture
passer* devant	to go past

Phrases

Avantages: *Advantages:*

Il y a beaucoup de choses à faire: il y a des cinémas et beaucoup de magasins en centre-ville
There's lots to do: there are cinemas and lots of shops in the town centre

Il y a des autobus toutes les dix minutes *Buses run every ten minutes*

Il y a une piscine et un grand centre sportif *There is a swimming pool and a big sports centre*

Inconvénients: *Disadvantages:*

Il n'y a rien à faire pour les adolescents *There is nothing for teenagers to do*

Il y a très peu de magasins et le cinéma est moche *There are very few shops and the cinema is awful*

Il n'y a ni autobus, ni centre sportif *There are no buses and there isn't a sports centre*

C'est ennuyeux *It's boring*

1D DAILY ROUTINE

s'allonger † .... to lie down
arriver* au collège .... to arrive at school
se brosser* les cheveux ...... to brush one's hair
se coucher* .... to lie down, go to bed
déjeuner .... to have lunch
se déshabiller* .... to get undressed
dîner .... to have evening meal
se doucher* .... to shower
s'endormir* *irreg* .... to fall asleep
enlever † .... to remove
faire la vaisselle *irreg* ... to wash up
faire ses devoirs *irreg* ... to do homework
s'habiller* .... to get dressed
se laver* les dents .... to clean one's teeth
se lever* † .... to get up
mettre *irreg* .... to put on clothes
ôter .... to take off (clothes)
se peigner* .... to comb one's hair
se précipiter* .... to rush, hurry
prendre le petit déjeuner *irreg*
.... to have breakfast
se presser* .... to hurry
quitter la maison .... to leave the house
ranger † la chambre ...... to tidy the bedroom
se raser* .... to shave
se réveiller* .... to wake up
sécher les cheveux † ...... to dry one's hair

aller* en ville .... to go to town
faire la grasse matinée .. to have a lie in
faire du sport *irreg* ...... to do sport
rêver .... to dream

le pain grillé .... toast
le rêve .... dream
le réveil .... alarm clock
pressé .... hurried

L'uniforme scolaire   School uniform
les chaussettes (f) .... socks
les chaussures (f) .... shoes
la chemise .... shirt
le chemisier .... blouse
le collant .... pair of tights
la cravate .... tie
le gilet .... cardigan, waistcoat
la jupe .... skirt
le pantalon .... pair of trousers
le pull .... pullover
le pullover .... pullover
la robe .... dress
la veste, le veston .... blazer
For **food** see page 50
For **going into town** see page 8

Phrases

Je me réveille à sept heures *I wake up at 7 o'clock*

Je me lève, je me lave, je me douche, je me rase, je m'habille
   I get up, wash, shower, shave, get dressed

Je me lave les dents, je me brosse les cheveux *I clean my teeth, I brush my hair*

Je prends le petit déjeuner *I have breakfast*

Je quitte la maison à huit heures et quart et j'arrive au collège à neuf heures moins le quart
   I leave the house at 8.15 and arrive at school at 8.45

Je déjeune au collège *I have lunch at school*

Je rentre à quatre heures et demie et je fais mes devoirs *I get home at 4.30 and do my homework*

Je me couche à dix heures et demie *I go to bed at 10.30*

1E SCHOOL AND FUTURE PLANS

La scolarisation　　　School attendance
l'école maternelle (f) ... nursery school
l'école primaire (f)....... primary school
l'école primaire privée (f).prep school
le CES.......................... secondary school
le collège (d'enseignement secondaire)
.... secondary school
le collège privé .... public school
l'internat (m)............... boarding school
l'école (publique) (f).... (state)school
le lycée........................ sixth form college
la fac .... university

le cours préparatoire .... reception class
CE1 (cours élémentaire)... year 1
CE2 (cours élémentaire)... year 2
CM1 (cours moyen) .... year 3 and 4
CM2 (cours moyen) .... year 5 and 6
être en sixième .... to be in Year 7
être en cinquième .... to be in Year 8
être en quatrième............. to be in Year 9
être en troisième .... to be in Year 10
être en seconde .... to be in Year 11
être en première............... to be in Year 12
être en terminale.............. to be in Year 13

Phrases

Combien d'élèves y a-t-il dans ton collège? *How many pupils are there in your school?*

Il y a mille élèves dans le collège *There are 1,000 pupils in the school*

Combien d'élèves y a-t-il dans ta classe? *How many pupils are there in your class?*

Il y a vingt-sept élèves dans ma classe *There are 27 pupils in my class*

Où se trouve le collège? *Where is your school?*

En centre-ville/en banlieue *In the town centre/in the suburbs*

Il y a cinq salles d'informatique et un grand terrain de sport
　　There are 5 ICT rooms and a big sports field

Les gens　　　People
le, la camarade de classe...classmate
le collégien.................. secondary pupil
la collégienne.............. secondary pupil
le copain...................... (school) friend
la copine...................... (school) friend
le, la demi-pensionnaire....day-boy/girl
l'écolier(m), l'écolière(f)..school boy, girl
l'élève (m)(f) .... pupil
l'externe (m)(f) .... day pupil
l'interne (m)(f)............. boarder
le lycéen, la lycéenne ... pupil at a lycée
le, la partenaire .... partner
le pensionnaire............ boarder

le, la concierge............ caretaker
le conseiller d'orientation ... careers officer

le directeur...................primary headmaster
la directrice.................primary headmistress
l'enseignant (m) ....teacher
le gardien....................caretaker
l'infirmière (f) ....nurse
l'inspecteur (m)...........inspector
l'instituteur (m) ....primary teacher
l'institutrice (f) ....primary teacher
l'intendant (m).............bursar
le maître......................primary teacher
la maîtresse.................primary teacher
le principal, la principale.. head (collège)
le, la prof ....teacher
le professeur ....teacher
le proviseur..................head (lycée)
le, la secrétaire.............secretary
la surveillante ....student supervisor

Le groupe scolaire   **The school complex**
l'atelier (m)...................workshop, studio
la bibliothèque ....library
le bureau ....office
la cantine ....canteen
le CDI ....resources centre
le couloir......................corridor
la cour..........................playground
le dortoir ....dormitory
l'établissement (m).......establishment
le foyer des élèves ....pupils' common room
le gymnase....................gym
l'infirmerie (f) ....sick bay
le labo(ratoire) ....lab(oratory)
la piscine......................swimming pool
le préau ....covered play area
la salle (grande) ....hall
la salle de classe ....classroom
la salle de permanence........ private study room
la salle des professeurs .... staffroom
le terrain de football .....football pitch
les vestiaires (m)...........changing rooms

Les matières   **School subjects**
l'allemand (m)..............German
l'anglais (m) ....English
l'art dramatique (m) .....drama
la biologie ....biology
la chimie ....chemistry
les cours sur les médias (f) . media studies
la couture ....needlework

la cuisine ....cookery
le dessin.......................drawing
l'économie domestique (f)..home economics
EPS (f).........................PE
EMT (f) ....CDT
l'espagnol (m) ....Spanish
les études(f).................studies
les études de commerce (f) .business studies
le français ....French
la géo(graphie) ....geography
la gym(nastique)...........gym(nastics)
l'histoire (f) ....history
l'informatique (f) ....ICT, computer studies
l'instruction civique (f) ....PSE
l'instruction religieuse (f) ...RE
la littérature ....literature
les mathématiques (f)... mathematics
les maths (f) ....maths
la matière préférée........favourite subject
la musique ....music
la physique ....physics
la poterie ....pottery
les sciences (f)..............science
les SES (f) ....economics
les sciences naturelles .. biology,
                    natural sciences
le sport.........................sport
le sujet ....subject, topic
la technologie ....technology
les travaux manuels (m)... CDT
les travaux pratiques (m).. CDT

Phrases

Ma matière préférée est la géographie *My favourite lesson is geography*
Je suis fort(e)/faible en histoire *I am good/poor at history*
Je suis nul(le) en maths *I'm useless at maths*

La journée scolaire   **The school day**
l'après-midi (m)............afternoon
l'assemblée (f) ....assembly
le cours ....lesson
l'heure (f) du déjeuner ..lunch hour

la leçon........................lesson
le matin ....morning
la pause (de midi).........(dinner) hour
la récréation.................break

s'asseoir* *irreg* .... to sit down   se taire* *irreg* .... to be quiet

faire attention *irreg* ...... to be careful, pay attention

faire l'appel *irreg* .... to call the register   For **school uniform** see page 19

poser une question .... to ask a question   For **times** see page 85

Phrases

Les cours commencent à neuf heures et finissent à quatre heures *Lessons start at 9 and finish at 4*

La pause de midi est entre midi et demi et une heure et demie *Lunch break is from 12.30 to 1.30*

Je viens au collège en voiture/en car/à vélo *I come to school by car/by bus/by bike*

Je viens au collège à pied *I walk to school*

Je fais partie d'une équipe de hockey *I'm in a hockey team*

L'année scolaire	**The school year**
la bourse	scholarship
l'échange scolaire (m)	school exchange
l'emploi du temps (m)	timetable
l'enseignement (m)	teaching, education
les grandes vacances (f)	summer holidays
la rentrée (des classes)	start of school year
la semaine	week
le trimestre	term
les vacances de février (f)	February half term
les vacances de la Toussaint	autumn half term
les vacances de Noël (f)	Christmas holidays
les vacances de Pâques (f)	Easter holidays
les vacances d'hiver (f)	February half term

Dans la salle de classe	**In the classroom**
le bureau du professeur	teacher's desk
le casier	locker, pigeon hole
la chaise	chair
la craie	chalk
la fenêtre	window
le placard	cupboard
la porte	door
la table	table
le tableau (noir/blanc)	(black/white) board

le casque	headphones
le chiffon	duster
l'écran (m)	screen
l'éponge (f)	sponge

le magnétophone	tape recorder
le magnétoscope	video recorder
le microphone	microphone
l'ordinateur (m)	computer
le rétroprojecteur	overhead projector

le calcul	sum, calculation
la copie	exercise, piece of work
le devoir de français	French homework
les devoirs (m)	homework, prep
le dossier	project
l'exercice (m)	exercise
l'extrait (m)	extract
la grammaire	grammar
le problème	problem
le récit	story, account
la rédaction	essay
le résumé	summary
le symbole	symbol
le texte	text
le titre	title
le vocabulaire	vocabulary

la case	square, box
l'écriture (f)	handwriting
l'erreur (f)	mistake
l'exemple (m)	example
la faute	mistake
la langue	language
la lecture	reading

la ligne ....line
le mot ....word
l'orthographe (f) ....spelling
la page ....page
la phrase ....phrase, sentence

le bulletin ....report
le dialogue ....dialogue
la discipline ....discipline
le discours ....speech
l'enseignement (m).......teaching
la parole ....word, speech
la permission ....permission
le progrès ....progress
le résultat ....result
le silence ....silence
le succès ....success

Le matériel scolaire   Classroom equipment
le bloc-notes ....notepad, note book
le cahier ....exercise book
le cahier de brouillon....rough book
la calculatrice/calculette ... calculator
le carnet ....notebook, vocab book
le cartable ....schoolbag
le classeur ....folder, file, binder
le crayon ....pencil
l'encre (f) ....ink
le feutre ....felt tip pen
le fichier ....file (for paper)
la gomme ....rubber
le livre ....book
le manuel ....text book
la règle ....ruler; rule
le stylo ....pen
la trousse ....pencil case

le bâton de colle ....glue stick
la cartouche ....ink cartridge
la colle ....glue
l'effaceur (m) ....eraser pen
le fluo ....highlighter pen

le sac à dos ....rucksack
le taille-crayon.............. pencil sharpener

l'agrafe (f) ....staple
l'agrafeuse (f)...............stapler
la carte ....map
les ciseaux (m) ....scissors
le dictionnaire ....dictionary
la feuille de papier........sheet of paper
le papier (à dessin) ....(drawing) paper
la perforeuse................hole punch
la punaise ....drawing pin
le scotch® ....Sellotape®
le trombone ....paper clip

Des verbes utiles   Useful verbs
calculer........................to calculate
cocher...........................to tick
coller ....to stick, glue
comparer ....to compare
compléter † ....to complete
copier ....to copy
corriger † ....to correct, mark
découper.......................to cut out
effacer † ....to rub out, erase
encercler.......................to circle, ring round
mettre dans le bon ordre *irreg*
   ....to put in the right order
rayer † ....to cross out
souligner......................to underline

comprendre *irreg* ....to understand
correspondre................to correspond
discuter........................to discuss, chat
étudier ....to study
expliquer ....to explain
imaginer ....to imagine
noter ....to note
prononcer † ....to pronounce
répéter † ....to repeat
se terminer*.................to end, finish
terminer.......................to finish, complete

traduire *irreg*............... to translate
travailler dur .... to work hard
vouloir dire *irreg* .... to mean

être en retard *irreg* ...... to be late
être en retenue.............. to be in detention
faire des progrès *irreg*.. to make progress
faire ses devoirs .... to do one's homework
faire ses excuses .... to apologise
faire une expérience..... to do an experiment
jouer à .... to play (sport)
jouer de .... to play (instrument)

assister à...................... to be present at
causer.......................... to cause, chat
chahuter .... to play up, mess about
deviner .... to guess
encourager † .... to encourage
enseigner.................... to teach
indiquer...................... to point out
inventer...................... to invent
laisser tomber.............. to drop
permettre *irreg*............ to allow, give
                                        permission
surveiller .... to supervise

C'est comment?   What is it like?

absent........................... absent, away
bavard .... talkative
consciencieux .... conscientious
marrant........................ amusing, funny
présent........................ present, here
rigolo........................... amusing
sévère/strict................ strict
travailleur................... hard-working

en béton .... of concrete
en brique .... of brick
mixte........................... mixed
utile............................ useful

compliqué .... complicated

contraire .... opposite
correct........................... correct
difficile .... difficult
droit .... right, straight
égal .... equal
exact .... exact, precise
facile........................... easy
faux............................. wrong
inutile .... useless
moyen.......................... average
par cœur...................... by heart
précis .... precise
préféré .... favourite
terminal .... last (final)
vrai .... true, right

Les examens et après
Exams and afterwards

le bac .... A level equivalent
le baccalauréat.............. A level equivalent
le brevet (BEPC) .... GCSE equivalent exam
le certificat................... certificate
le contrôle................... assessment test
le diplôme................... certificate
l'épreuve (f)................. test paper, exam
l'épreuve écrite (f)........ written exam
l'épreuve orale (f)......... speaking test
l'examen (m) .... examination
l'examen blanc (m) ...... mock exams

les études littéraires (f)......... literary studies
les études scientifiques (f)..... scientific studies
les langues (f) .... languages
le lycée .... VI form college
le lycée technique......... technical school
la médecine .... medicine (science)
les sciences (f)............. sciences

la bonne réponse........... right answer
l'enseignement (m)....... teaching
l'intention (f) .... intention
la mauvaise réponse ..... wrong answer

le niveau .... level
la note .... mark
la note d'admission .... pass mark
les notes (f) .... marks
la question .... question
la réponse .... answer
le résultat .... result
le travail .... work

Des verbes utiles   Useful verbs

avoir la moyenne *irreg* .... to get a pass mark
avoir raison .... to be right
avoir tort .... to be wrong
avoir une bonne note .... to get a good mark
avoir une mauvaise note .... to get a bad mark
être reçu à un examen *irreg* .. to pass an exam
faire ses études *irreg* .... to study
passer un examen .... to take an exam
se préparer* pour .... to prepare for
rater un examen .... to fail an exam

repasser un examen ...... to resit an exam
répondre à la question .. to answer the question
réussir à un examen ...... to pass an exam
réviser .... to revise
tricher .... to cheat

Les activités extrascolaires
                  Out of school activities

la chorale .... choir
le club .... club
l'échange (m) .... exchange
l'équipe (f) .... team
l'excursion (f) .... trip, outing
la fanfare .... brass band
le match .... match
l'orchestre (m) .... orchestra
la pièce de théâtre .... play
le tournoi .... tournament
la visite .... visit

Phrases

Qu'est-ce que tu vas faire l'année prochaine? *What are you going to do next year?*
Je vais quitter l'école *I'm going to leave school*
Je vais travailler comme maçon avec mon père *I'm going to work as a builder with my father*
Je serai apprenti(e) *I am going to do an apprenticeship*
Je vais entrer en première *I'm going into the Sixth Form/Year 12*
Je vais étudier la biologie, la géographie, les maths et le français
    I'm going to do biology, geography, maths and French

HOLIDAY TIME AND TRAVEL

2A   TRAVEL, TRANSPORT, FINDING THE WAY

Pour aller à?	**How do I get to?**
Pardon Madame	Excuse me
Pardon Monsieur	Excuse me
Allez tout droit............	Go straight on
Descendez la rue.........	Go down the street
Empruntez la N 176.....	Take the N176
Montez la rue..............	Go up the street
Tournez à droite...........	Turn right
Tournez à gauche........	Turn left
Traversez la rue	Cross the road
Merci beaucoup	Thank you very much

For **buildings** see page 16

Où est-ce?	**Where is it?**
à 10 km de...................	10 km from
après le carrefour	after the crossroads
au coin de la rue...........	on the street corner
avant le kiosque	before the kiosk
à côté de la poste..........	next to the post office
derrière le théâtre	behind the theatre
devant le cinéma	outside the cinema
en face de la banque.....	opposite the bank
près de la place............	near the square
près d'ici	near here
à proximité de …	near to, close to …

Phrases

Pour aller à la gare, s'il vous plaît? *What is the way to the station, please?*

Où est la gare routière? *Where is the coach station?*

Prenez la première à droite *Take the first on the right*

C'est loin d'ici? *Is it far?*   C'est à quelle distance? *How far is it?*

C'est tout près. C'est à cinq minutes à pied *It's very near. It's a five minute walk*

Des panneaux	**Signs**
accès aux quais	to the platforms
accès interdit (m)	no entry
défense d'entrer	no entry
défense de marcher sur le gazon	
....	keep off the grass
déviation	diversion
interdit aux cyclistes	no cyclists
péage...........................	toll
rappel	reminder
réservé aux piétons	pedestrians only
sens unique (m)............	one way
serrez à droite	keep to the right
stationnement interdit (m) ..	no parking
toutes directions..........	all routes
travaux (m pl)	roadworks

For **shop signs** see page 61

Les moyens de transport	
	Means of transport
l'autobus (m)...............	bus
l'autocar (m)	coach
l'avion (m)	plane
la bicyclette	bicycle
le bus...........................	bus
le camion....................	lorry
la camionnette.............	van
le car...........................	coach
l'hélicoptère (m)	helicopter
l'hydroglisseur (m).......	hydrofoil
le jet	jetfoil
le métro	underground, metro
la mobylette.................	moped
la moto	motorbike
le poids lourd	lorry, HGV

le train...........................train	inclus...........................included
le tramway.....................tram	y compris ....including
les transports en commun	en première classe........(in) first class
................................public transport	en seconde....................(in) second class
le vélo ....bike	
la voiture.......................car	en direction de ....going to
le VTT (vélo tout terrain)...mountain bike	à l'heure ....on time
	en provenance de ....coming from

On prend le train   Train travel

l'arrivée (f) ....arrival	en retard ....late
le changement d'horaire ...timetable change	libre.............................free, unoccupied
le chemin de fer............railway	
le congé ....annual holiday, leave	les bagages (m) ....luggage
les correspondances (f).......connections	la barrière....................barrier
le départ ....departure	le bureau de réservation ticket office
la destination ....destination	le centre d'accueil........reception
l'horaire (m) ....timetable	la consigne (automatique)
le jour férié ....public holiday	...........................left luggage (lockers)
les renseignements (m)....information	la gare SNCF ....railway station
le réseau........................network	le guichet.....................ticket office
le retard........................delay	le quai ....platform
le trajet.........................journey	la salle d'attente..........waiting room
les vacances (f) ....holidays	la station de taxis ....taxi rank
le voyage.......................journey	la voie (ferrée) ....(railway) track

l'express (m)................express train	le buffet.......................buffet (car)
l'omnibus (m)..............stopping train	le compartiment ....compartment
le rapide ....express	la couchette ....sleeper, couchette
le TGV ....high speed train	la voiture.....................carriage
le train..........................train	le wagon-lit.................sleeping car
le (non-)fumeur ....(non-)smoker	le wagon-restaurant......dining car

un (aller) simple ....a single ticket	aller* chercher *irreg* ....to fetch
un aller-retour..............a return ticket	descendre* (de)............to get off/out of
le billet.........................ticket	manquer ....to miss
la réservation ....reservation	monter* (dans).............to get on/into
	partir* (de) *irreg*.........to leave (from)
à l'avance.....................in advance	prendre le train *irreg*....to catch the train
en avance ....in advance	rater.............................to miss (train)
	voyager en train † ....to go by train

Phrases

Le train part à neuf heures *The train leaves at 9.00*

Il y a vingt minutes de retard *There is a 20 minute delay*

Le billet coûte cent euros *The ticket costs 100 euros*

Il y a un supplément de vingt-cinq euros pour le TGV
There is a 25 euro supplement for the high speed TGV train

On prend le bus ou le tramway
Bus or tram travel

l'arrêt (m)..................... bus stop

la gare routière .... coach station

le haut-parleur.............. loudspeaker

la ligne .... line, route

le numéro.................... number

l'automate (m) .... ticket machine

le carnet .... book of tickets

le compostage .... date stamping

le composteur............... ticket validating machine

le mini-carnet .... book of five tickets

le tarif.......................... fare

le ticket........................ ticket

composter.................... to time stamp a ticket

renseigner.................... to give information to

se renseigner* (sur)...... to find out (about)

transporter .... to transport

Phrases

Il y a un autobus toutes les dix minutes *There is a bus every 10 minutes*

L'autobus est tombé en panne *The bus has broken down*

On traverse la Manche
Crossing the Channel

le bateau...................... boat

le (car-)ferry................. (car) ferry

la gare maritime .... ferry terminal

le mal de mer .... seasickness

la mer.......................... sea

la navette..................... shuttle

le port.......................... port

le shuttle .... shuttle

la traversée.................. crossing

le tunnel sous la Manche ..Channel Tunnel

agité .... rough

calme........................... calm

débarquer .... to get off a ship

s'embarquer* .... to get on a ship

monter* sur le pont...... to go up on deck

On prend l'avion   Flying

l'avion (m) .... plane

l'avion géant (m).......... jumbo jet

la cabine .... cabin

la ceinture de sécurité .. seat belt

l'aéroport (m)............... airport

la porte .... gate

le terminal .... terminal

l'appel (m) .... call

l'atterrissage (m).......... landing

la classe touriste .... tourist class

l'embarquement (m) .... boarding

la ponctualité............... punctuality

le vol .... flight

hors taxe...................... tax-free

atterrir..........................to land
confirmer......................to confirm
consulter......................to consult
contrôler......................to examine, check
décoller.......................to take off (plane)
s'embarquer*................to board a plane
enregistrer ses bagages .to check in
s'installer*...................to sit in a seat
prendre l'avion *irreg* ....to fly (person)
trouver une place ....to find a seat

On roule en voiture   Going by car
l'autoroute (f) ....motorway
le carrefour ....crossroads
les feux (m)..................traffic lights
le feu vert.....................green traffic light
le garage ....garage
le parking.....................car park
le rond-point ....roundabout
le stationnement...........parking
la station-service..........petrol station
les toilettes (f)..............toilets
les travaux (m).............roadworks
le trottoir.....................pavement

l'aire de pique-nique (f).....picnic area
l'aire de repos (f).........picnic area
le bouchon ....traffic jam
la chaussée..................roadway
l'embouteillage (m)......traffic jam
le péage.......................toll
la route départmentale (D)....secondary road
la route nationale (RN).........main road
la sécurité école ....crossing patrol
le virage.....................bend

l'auto-école (f) .... driving school
la carte (routière) .... map
le code de la route .... highway code
le danger .... danger
la déviation .... diversion
la fin............................ end
l'heure d'affluence (f).. rush hour
le numéro .... number
le permis de conduire... driving licence
la pièce d'identité........ ID
la priorité .... priority
la retenue.................... hold up, delay
la vitesse .... speed

allumer les phares .... to switch on the
                                          headlights
arrêter le moteur........... to switch off the
                                          engine
avancer †..................... to go forward
circuler........................ to go (vehicle)
conduire *irreg*............. to drive
se déplacer* † .... to travel
faire le plein *irreg*........ to fill up with fuel
freiner.......................... to brake
gonfler les pneus.......... to pump up the tyres
laver le pare-brise .... to wash the
                                          windscreen
mettre le moteur en marche *irreg*
          .... to start the engine
reculer .... to reverse
remettre *irreg*.............. to put back, restart
rouler........................... to travel (car)
stationner .... to park
tomber* en panne........ to break down

Phrases

Est-ce que vous vendez des plans de la ville, s'il vous plaît? *Do you sell town plans, please?*
Où est la banque, s'il vous plaît? *Where is the bank, please?*
Regardez le plan. C'est à côté de la bibliothèque *Look at the plan. It's next to the library*
C'est un grand bâtiment en brique/en pierre *It's a large brick/stone building*

2B TOURISM

Le tourisme   Tourism

le pays......................... country
la région .... region
le séjour .... stay
le trajet......................... journey
les vacances (f) .... holidays
le voyage..................... journey

l'agence de voyages (f) .... travel agency
le bureau de change.......... bureau de change
la liste des restaurants ...... list of restaurants
l'office du tourisme (m)... tourist office
le syndicat d'initiative...... information office

Phrases

Qu'est-ce qu'il y a à voir et à faire dans la région? *What is there to see and do in the area?*
Avez-vous une liste d'hôtels? *Do you have a list of hotels?*

Les excursions   Outings

la fête foraine............... funfair
la fête nationale........... national holiday
la foire......................... fair, market
le jardin zoologique ..... zoo
le parc d'attractions ..... amusement park
le parc national .... national park
le pique-nique .... picnic
la promenade .... walk
la randonnée................ long walk

Les gens   People

le campeur .... camper
le chauffeur de car .... coach driver
le garçon .... waiter
la mère aubergiste........ youth hostel warden
le patron...................... owner
la patronne .... owner
le père aubergiste......... youth hostel warden
le, la propriétaire.......... owner
le, la réceptionniste...... receptionist
le, la responsable .... group leader
le, la touriste .... tourist
les vacanciers (m)........ holiday makers

L'hébergement   Lodging

l'auberge de jeunesse (f)...youth hostel
le camping .... camp site

la chambre d'hôte......... bed and breakfast
le gîte .... self-catering cottage
l'hôtel (m) .... hotel
la pension .... boarding house
le studio....................... studio flat

la demi-pension............ half board
la pension complète ..... full board
le prix .... price

complet .... full
(non) compris.............. (not) included
confortable .... comfortable
défendu .... not allowed
disponible.................... available
luxueux .... luxurious
obligatoire .... compulsory
occupé......................... taken
pas cher .... not dear
privé .... private
provisoire .... provisional

héberger † .... to put up for the night
loger † .... to lodge

Combien de personnes?   How many?

l'adulte (m)(f) .... adult
l'enfant (m)(f) .... child

la personne....................person
âgé de moins de 3 ans...under three

Quand y êtes-vous allé? When did you go?
l'année dernière (f) ....last year
en été ....in summer
en hiver........................in winter
il y a deux mois ....two months ago
il y a une quinzaine.......a fortnight ago
pendant les grandes vacances
   .... during the summer holidays
pendant le week-end.....at the weekend
la semaine dernière.......last week

Quand y allez-vous? When are you going?
à l'avenir......................in the future
l'année prochaine ....next year
au mois d'août ....in August
dans huit jours ....in a week's time
dans trois mois.............in three months' time
demain ....tomorrow
à Noël ....at Christmas
à Pâques.......................at Easter
la semaine prochaine ....next week

Avec qui?   With whom?
l'ami (m), l'amie (f) .....friend
le copain, la copine.......friend
la famille......................family

Pour combien de temps?   For how long?
pour un jour ....for a day
pour un mois.................for a month
pour une nuit.................for a night
pour quatre nuits...........for four nights
pour trois jours ....for three days
pour une quinzaine ....for a fortnight
pour une semaine..........for a week
passer quinze jours ....to spend a fortnight

Où allez-vous?   Where are you going?
à la campagne ....to the country
à l'étranger...................abroad

dans la forêt .... into the forest
à la montagne............... to the mountains
à la plage .... to the beach

C'est comment?   What is it like?
fantastique................... fantastic
incroyable .... incredible
jumelé .... twinned
superbe......................... superb
supérieur .... superior
touristique................... popular with tourists

être en vacances *irreg* .... to be on holiday
faire ses bagages *irreg* ...... to pack
faire une promenade .... to go for a walk
faire une randonnée .... to go for a hike
se mettre* en route *irreg*... to set out
partir* en avion *irreg*........ to leave by plane
partir* en vacances *irreg* .. to go on holiday

J'ai besoin ...   I need ...
d'un appareil-photo (m)....a camera
d'un caméscope .... a camcorder
d'une carte d'adhérent . a membership card
d'une carte de la région a map of the region
d'une carte d'identité ... an identity card
d'un dépliant................ a brochure
d'un flash .... a flash gun
des lunettes de soleil .... sunglasses
d'un passeport............. a passport
d'une photo.................. a photo
d'un plan de la ville ..... a town plan
d'un sac à dos .... a rucksack
d'une valise.................. a case

J'ai acheté ...   I bought ...
des biscuits................... biscuits
des cartes-postales .... postcards
un porte-clés .... a key ring
une poupée................... a doll
des souvenirs .... souvenirs
un T-shirt .... a T-shirt

31

On fait un échange
Going on an exchange

le correspondant........... penfriend
la correspondante........ penfriend
la famille anglaise........ English family
la famille française ...... French family
le professeur................ teacher

l'argent de poche (m)... pocket money
le collège..................... school
la comparaison............. comparison
les cours (m) .... lessons
la cuisine anglaise........ English cooking
la cuisine française ...... French cooking
les devoirs (m) .... homework
la durée .... length (stay, lesson)
l'excursion (f)............. outing
le jumelage.................. town twinning
les loisirs (m) .... free time
les sports (m) .... sports
le trajet........................ journey
l'uniforme scolaire (m)......school uniform
la visite scolaire .... school trip

aller* voir *irreg*........... to visit (person)
arranger † .... to arrange, organise
comparer à .... to compare
contacter .... to contact
défaire sa valise *irreg* ....to unpack (suitcase)
faire contraste avec *irreg* ...to contrast
visiter .... to visit (place)
For **opinions** see page 76

Le temps   Weather

le bulletin météo .... weather forecast
la météo marine .... shipping forecast
la photo satellite........... satellite picture
la prévision .... forecast

l'averse (f) .... shower, downpour
le brouillard .... fog
la neige....................... snow

le nuage .... cloud
l'orage (m) .... storm
la pluie .... rain
le soleil....................... sun, sunshine
la température .... temperature
la tempête.................... storm
le tonnerre .... thunder
le vent......................... wind

le ciel......................... sky
la chaleur.................... heat
le climat .... climate
le degré....................... degree
la glace .... ice
l'humidité................... dampness, humidity
la lune......................... moon
la mer .... sea
l'ombre (f)................... shadow, shade
la précipitation .... precipitation

l'amélioration (f).......... improvement
l'arc-en-ciel (m) .... rainbow
la brume .... mist
l'éclair (m) .... flash of lightning
la goutte .... drop
la grêle........................ hail
la pression .... pressure
la visibilité .... visibility

Quel temps fait-il aujourd'hui?
What is the weather like today?

Il fait 30 (degrés) .... It is 30 degrees
Il fait beau .... It is fine
Il fait chaud .... It is hot
Il fait froid .... It is cold
Il fait jour .... It is light
Il fait mauvais .... The weather is bad
Il fait noir .... It is dark
Il fait nuit .... It is dark
Il fait du brouilllard...... It is foggy
Il fait du soleil .... It is sunny
Il fait du vent .... It is windy

Il y a des éclairs ....It is lightning
Il y a des nuages ....It is cloudy
Il y a de l'orage.............It is stormy

Il gèle............................It is freezing
Il grêle...........................It is hailing
Il neige..........................It is snowing
Il pleut ....It is raining
Il tonne..........................It is thundering

Quand?   When?
après-demain ....the day after tomorrow
de temps en temps ....from time to time
demain ....tomorrow
généralement ....usually
quelquefois ....sometimes
souvent ....often
tout à l'heure.................shortly, recently

D'après la météo
According to the weather forecast
Demain?   **Tomorrow?**
il fera 30 (degrés) ....it will be 30 degrees
il fera beau ....it will be fine
il fera chaud...................it will be hot
il fera froid ....it will be cold
il fera du brouillard.......it will be foggy
il fera du soleil..............it will be sunny
il fera du vent................it will be windy

il y aura des éclaircies
.........................there will be bright spells
il y aura des nuages.......it will be cloudy
il y aura de l'orage........it will be stormy

Hier ...   Yesterday ...
il faisait 30 (degrés)......it was 30 degrees
il faisait beau ....it was fine
il faisait chaud ....it was hot
il faisait froid ....it was cold
il faisait mauvais ....the weather was bad
il faisait du brouillard ...it was foggy
il faisait du soleil ....it was sunny

il faisait du vent ....it was windy
il y avait des nuages ....it was cloudy
il gelait.........................it was freezing
il neigeait ....it was snowing
il pleuvait ....it was raining

Des adjectifs   Some adjectives
bleu ....blue
brumeux ....misty
couvert ....cloudy
dégagé.........................clear
ensoleillé......................sunny
humide ....wet
lourd............................heavy, sultry
maximum....................maximum
meilleur.......................better
mouillé.........................wet
neigeux ....snowy
nuageux.......................cloudy
orageux ....stormy
pluvieux ....rainy
tiède ....mild
variable ....variable

annoncer † ....to announce, forecast
prévenir *irreg*..............to warn
prévoir *irreg*...............to forecast

se baisser*...................to lower
briller ....to shine
éclater..........................to burst
geler † ....to freeze
neiger † ....to snow
pleuvoir *irreg*..............to rain
se refroidir*.................to get colder
souffler........................to blow
tonner..........................to thunder
varier...........................to vary

For **holidays** see page 36
For **celebrations** see page 48, page 66
For **restaurants** see page 37
For **opinions** see page 76

2C ACCOMMODATION

L'hôtel	The hotel
la chambre	room
la chambre libre	unoccupied room
la chambre double........	double room
la chambre familiale	family room
la chambre pour 2 personnes	double room
la chambre pour une personne	single room
le confort......................	comfort
la fiche	form
le luxe	luxury
le prix...........................	price

l'ascenseur (m)	lift
l'entrée (f)...................	entrance
l'escalier (m)................	stairs
l'étage (m)	storey, floor
le parking....................	car park
la réception	reception
le restaurant	restaurant
le rez-de-chaussée........	ground floor
la salle de bains...........	bathroom
la sortie (de secours)....	(emergency) exit
le sous-sol	basement

La chambre	Bedroom
l'armoire (f).................	wardrobe
le bain..........................	bath
le cintre	coat hanger
la clé/clef.....................	key
la couette.....................	duvet, quilt
la couverture	blanket
la douche.....................	shower
le drap	sheet
le grand lit	double bed
la housse......................	duvet cover
le lit	bed
l'oreiller (m)................	pillow
le savon	soap
la serviette...................	towel
le téléphone.................	telephone
le téléviseur.................	TV set
les toilettes (f)	toilets

la femme de chambre...	chambermaid
le gérant......................	manager
le propriétaire..............	owner
la réceptionniste	receptionist

Phrases

Y a-t-il un parking? *Is there a car park?*

Oui, vous pouvez stationner derrière l'hôtel *Yes, you can park behind the hotel*

Où sont les toilettes? *Where are the toilets?*

De l'autre côté de l'ascenseur *On the other side of the lift*

Le restaurant est au rez-de chaussée *The restaurant is on the ground floor*

Il est interdit de fumer au restaurant *Smoking is not allowed in the restaurant*

Quel est le prix de la chambre par nuit? *How much is the room per night?*

On peut prendre le petit déjeuner entre sept heures et neuf heures
  You can have breakfast between 7 and 9

Vous pouvez dîner entre huit heures et dix heures *The evening meal is served between 8 and 10*

Il n'y a pas de serviettes dans la chambre 15 *There are no towels in room 15*

Nous voudrions changer de chambre – il y a trop de bruit
  We'd like to change rooms – it's too noisy

Le camping   The campsite

le bloc sanitaire.............toilet block
le bureau d'accueil........reception
l'emplacement (m) ....pitch
la piscine......................swimming pool
la piscine chauffée........heated pool
la piscine couverte........indoor pool
la piscine en plein air....open air pool
la salle de jeux.............games room

le bac à vaisselle..........washing up sink
le branchement électrique..electric hook-up
la laverie.....................laundry
les plats à emporter (m).....take-away meals
les plats cuisinés (m)....ready-cooked dish
le supplément...............supplement

les allumettes (f)..........matches
la bouteille de gaz........gas cylinder
le canif.......................pocket knife
la caravane..................caravan
le carnet de camping.....camping carnet
la cuisinière à gaz........gas cooker
la ficelle......................string
la lampe de poche........torch
la lampe électrique.......torch
le matelas....................mattress
le matériel de camping ....camping equipment
les provisions (f)..........food
le sac de couchage.......sleeping bag
la tente.........................tent
le véhicule...................vehicle

l'eau (non) potable (f)...(non) drinking water
le lave-linge.................washing machine
la lessive.....................washing (clothes)

la location de vélos......cycle hire

à l'ombre.....................shady
au soleil.......................sunny
en plein air..................in the open air
municipal....................council-run

camper........................to camp
descendre* une tente....to take down a tent
dresser une tente.........to pitch a tent
faire du camping *irreg.* to go camping
faire la cuisine *irreg.*.....to cook

L'auberge de jeunesse   Youth hostel

le bureau.....................office
la cuisine....................kitchen
le dortoir.....................dormitory
la salle à manger..........dining room
la salle de séjour..........day room

la couverture...............blanket
le drap-sac...................sheet sleeping bag
l'eau chaude (f)............hot water
le linge........................linen
la poubelle..................rubbish bin

louer...........................to hire
réserver.......................to reserve, book
signer..........................to sign
payer †........................to pay

For **food** see page 50
For **restaurant** see page 37
For **weather** see page 32
For **holiday activities** see page 36
For **days, months, seasons** see page 86

2D HOLIDAY ACTIVITIES

Au bord de la mer   At the seaside

la boîte de nuit	night club
le cinéma.....................	cinema
la piscine.....................	swimming pool
le terrain de golf..........	golf course
le vélodrome	cycle stadium
le bateau.....................	boat
le bateau (de pêche).....	(fishing) boat
le bateau à voiles	sailing boat

For **outings** see page 30

la cabine......................	beach hut
les coquillages (m).......	shells
la falaise.....................	cliff
le gilet de sauvetage.....	life jacket
la glace......................	ice cream
la marée basse.............	low tide
la marée haute.............	high tide
la mer........................	sea
la mouette	seagull
le pêcheur...................	fisherman
le phare	lighthouse
la plage......................	beach
la plage (non) surveillée	
....	(un)supervised beach
le port........................	port

le quai........................	quay
le sable	sand
la station balnéaire	seaside resort
la vague	wave (sea)
la vase	mud, sludge
le vendeur de glaces.....	ice cream seller

les boules	boules
la canne à pêche	fishing rod
le chapeau de soleil......	sunhat
le filet (de pêche)	(fishing) net
l'huile solaire (f)	sun oil
les lunettes de soleil (f)..	sunglasses
la pelle.......................	spade
le seau	bucket

se balader*	to go for a stroll
se bronzer*	to sunbathe
faire de la planche à voile *irreg*	
....	to windsurf
faire de la plongée sous-marine	
....	to scuba dive
faire de la voile	to sail
faire du surf.................	to surf
nager †	to swim
plonger †	to dive
ramer..........................	to row

Phrases

J'aime faire de la planche à voile *I like sailboarding*

Mon frère préfère faire du surf *My brother prefers surfing*

Les sports d'hiver Winter sports

La station de ski   Ski resort

le chalet......................	chalet
la montagne	mountain
la neige......................	snow
la patinoire	ice rink
la pente......................	slope
la piste......................	piste, ski run

le téléférique	cable car

Les gens   People

le débutant..................	beginner
le guide......................	guide
le moniteur de ski.........	ski instructor
le skieur.....................	skier

Le matériel de ski   Skiing equipment
le bonnet ....hat
les chaussures de ski (f)... ski boots
le gant ....glove
la salopette....................ski pants
le ski ....ski

partir* en vacances de neige *irreg*
..........................to take a winter holiday
faire de la luge *irreg*.....to go sledging
faire de la planche à neige
................................to go snowboarding
faire du ski....................to ski
glisser ....to slide

For **opinions** see page 76
For **outings** see page 30

On mange, on boit
                    Eating and drinking
Des panneaux   Signs
la dégustation...............tasting
la formule de 20 euros ..20 euro menu
le menu (à prix fixe).....(fixed price) menu
le menu du jour.............menu of the day

Exclamations   Exclamations
à votre santé! ....Cheers!
bon appétit!...................Enjoy your meal!
ça suffit!.......................That is enough!
merci! ....(no) thank you!
s'il vous plaît ....please

Les repas   Meals
le casse-croûte ....snack
le déjeuner ....lunch, midday meal
le dîner.........................dinner, evening meal
le goûter.......................afternoon snack
le petit déjeuner ....breakfast

Où allez-vous manger?
                    Where are you going to eat?
le bar.............................bar

le bistro ....bistro
la brasserie ....brasserie
le café...........................café
le café-tabac.................café, pub
la cafétéria...................supermarket café
la crêperie ....pancake restaurant
le restaurant.................restaurant
le restaurant rapide.......fast food restaurant
le self ....self-service restaurant

Les gens   People
le caissier, la caissière.. till operator
le chef ....chef
le client, la cliente........customer
le garçon ....waiter
le patron, la patronne ... owner
le serveur, la serveuse.. waiter, waitress

Au restaurant   In a restaurant
à l'intérieur ....inside
la table ....table
le téléphone.................telephone
sur la terrasse ....outside, on the terrace
les toilettes (f) ....toilets

le choix ....choice
la cuisine chinoise........Chinese food
la cuisine française.......French food
la cuisine indienne ....Indian food
la cuisine italienne ....Italian food
la grillade ....grill
la spécialité (du pays) .. (local) speciality

le goût ....taste
l'odeur (f)....................smell
le parfum......................flavour
la part ....part, portion, share

l'addition (f)................bill
le couvert ....cover charge
le pourboire.................tip (money)
la recette......................receipt, recipe

le service .... service charge
appétisant .... appetising
en sus .... extra (cost)
service (non) compris .. service (not) included

La carte   Menu
à la carte .... à la carte
le dessert .... dessert
l'entrée (f) .... entrée
les fromages (m) .... cheese
le plat du jour .... the day's "special"
le plat principal .... main course
les poissons (m) .... fish

Les hors d'œuvre   Starters
l'assiette anglaise (f) .... mixed cold meats
les crudités (f) .... chopped raw vegetables
le pâté .... pâté
le potage .... soup
la salade de tomates ..... tomato salad
le saucisson .... salami sausage
la soupe (à l'oignon) .... (onion) soup
la terrine .... pâté

Le plat principal   Main course
le coq au vin .... chicken in red wine
la côte de porc .... pork chop
l'entrecôte (f) .... cutlet
l'escalope de veau (f) ... veal escalope
l'omelette (f) .... omelette
la pizza .... pizza
la sauce .... sauce, gravy
le steak frites .... steak and chips
la viande hachée .... mince

Les légumes   Vegetables
les champignons .... mushrooms
les petits pois .... peas
les pommes de terre ..... potatoes
les pommes vapeur ...... boiled potatoes
le riz .... rice

Le dessert   Dessert
la crème caramel .... crème caramel
la crème chantilly .... whipped cream
la crêpe .... pancake
le fromage (de chèvre) . (goat's) cheese
la glace (maison) .... (home made) ice cream
la glace à la vanille .... vanilla ice cream
la glace au chocolat ..... chocolate ice cream
la mousse au chocolat .. chocolate mousse
la pâtisserie .... cake, pastry
la tarte aux pommes ..... apple tart
le yaourt .... yoghurt

Sur la table   On the table
l'assiette (f) .... plate
le bol .... bowl
la bouteille .... bottle
la cafetière .... coffee pot
la carafe .... carafe
la chope .... beer mug
le couteau .... knife
la cuiller .... spoon
la cuillère (à café) .... spoon (tea)
la fourchette .... fork
la mayonaisse .... mayonaise
la moutarde .... mustard
la nappe .... tablecloth
le plateau .... tray
le poivre .... pepper (spice)
le sel .... salt
la serviette .... serviette
la soucoupe .... saucer
la tasse .... cup
la théière .... teapot
le tire-bouchon .... corkscrew
la vaisselle .... crockery
le verre (à vin) .... (wine) glass

Au café   At the café
Les boissons   Drinks
l'apéritif (m) .... pre-meal drink, aperitif
la bière .... beer

le bock de bière ....a beer

le café ....coffee (black)

le café-crème ....white coffee

le chocolat chaud ....hot chocolate

le cidre ....cider

le coca-cola® ....coca cola®

l'eau minérale (gazeuse) (f)
.... (sparkling) mineral water

le glaçon ....ice cube

le jus de fruit................fruit juice

le jus d'orange ....orange juice

la limonade ....lemonade

l'orangina® (m)............orangina®

le thé ....tea

le vin blanc ....white wine

le vin rouge..................red wine

ordinaire ....ordinary, usual

plein..............................full

rosé ....rosé (wine)

Un casse-croûte   A snack

les chips (m) ....crisps

le cône (de frites)..........cone (of chips)

la crêpe ....pancake

le croque-monsieur.......toasted sandwich

la glace..........................ice cream

le hamburger................hamburger

le sandwich au fromage.....cheese sandwich

le sandwich au jambon......ham sandwich

la tartine......................bread and butter

le toast ....toast

Des verbes utiles   Useful verbs

adorer..........................to love

apporter......................to bring

avoir envie de *irreg*......to want to

avoir faim/soif ....to be hungry/thirsty

commander ....to order

déjeuner ....to have lunch

dîner............................to have evening meal

emporter......................to take away

griller ....to grill

passer ....to pass (at table)

prendre le petit déjeuner *irreg*
..............................to have breakfast

réserver ....to reserve

déguster......................to taste

se plaindre* *irreg*.........to complain

plaire *irreg*..................to please

recommander ....to recommend

réserver ....to book (table)

retenir *irreg*................to reserve (table)

rôtir ....to roast

servir *irreg*..................to serve

se servir* de *irreg*........to use

For **accepting and refusing** see page 57

For **food** see page 50

Phrases

Veux-tu boire quelque chose? *Would you like a drink?*

Si on allait manger? *Shall we go and eat?*

J'ai réservé une table pour quatre personnes *I have booked a table for four*

L'addition, s'il vous plaît *The bill, please*

Ce n'est pas ce que j'ai commandé *It is not what I ordered*

La viande n'est pas assez cuite *The meat is not well enough cooked*

2E SERVICES

A la poste — At the post office

l'adresse (f) .... address
la boîte aux lettres .... letter box
le (bureau de) tabac ...... tobacconist's
la carte postale .... postcard
le courrier .... post, mail
le facteur .... postman
le guichet .... counter position
la lettre .... letter
le paquet .... parcel
la poste .... post office
la télécarte de 50 unités ... 50 unit phone card
le timbre(-poste) .... stamp

le colis .... parcel
le formulaire .... form
la levée du courrier ...... postal collection
le mandat postal .... postal order
poste restante .... post to be collected

le tarif normal .... first class post
le tarif réduit .... second class post

par avion .... by air mail
à l'étranger .... abroad
en recommandé .... by registered post

distribuer le courrier ..... to deliver the post
envelopper .... to pack (parcel)
faire une erreur *irreg* .... to make a mistake
mettre à la poste *irreg* .. to post
poster .... to post
ré-expédier .... to send on
téléphoner à .... to phone
toucher un mandat .... to cash a postal order
utiliser .... to use

For **phoning** see page 54

Phrases

Où est-ce que je peux acheter une télécarte? *Where can I buy a phone card?*
Est-ce que je peux envoyer un fax d'ici? *Can I send a fax from here?*
Est-ce qu'il est possible d'envoyer un email d'ici? *Can I e-mail from here?*
Est-ce qu'il y a du courrier pour moi? *Is there any post for me?*

A la banque — At the bank

la banque .... bank
le bureau de change ..... exchange office
la caisse .... till
la caisse d'épargne .... savings bank
le distributeur (automatique) de billets
    .... cash dispenser

l'argent (m) .... money
le billet de 20 euros ...... 20 euro note
le cent .... cent
le dollar .... dollar
le dollar canadien .... Canadian dollar
l'euro (m), € .... euro, €

le franc suisse .... Swiss franc
la livre sterling .... £ sterling

le billet (de banque) ..... note
la carte bancaire .... bank card
la carte de crédit .... credit card
le chèque (de voyage) .. (travellers') cheque
le chéquier .... cheque book
le compte .... account
l'eurochèque (m) .... Eurocheque
la monnaie .... change, currency
le numéro de compte .... account number
la pièce (d'argent) .... coin

la commission...............commission

le passeport..................passport

la pièce d'identité ....ID

le pourcentage..............percentage

le taux de change ....exchange rate

la TVA.........................VAT

pour cent......................per cent

encaisser...................... to cash (cheque)

passer* à la caisse........ to go to the cash desk

prendre une commission *irreg*

.... to charge commission

remplir la fiche............. to fill in the form

retirer .... to withdraw (cash)

signer .... to sign

toucher un chèque........ to cash a cheque

valoir *irreg*.................. to be worth

Phrases

Est-ce qu'il y a un distributeur (automatique) de billets près d'ici?
   Is there a cash machine near here?

Pour changer de l'argent, c'est quel guichet?   *Where can I change money?*

C'est à louer?   Is it for hire?

le bateau........................boat

la bicyclette...................bicycle

la caution ....deposit

la pièce d'identité ....ID

le vélo ....bike

louer.............................to hire

signez ici.......................sign here

Des objets trouvés Lost property

l'objet (m)....................object

l'appareil-photo (m) .....camera

le caméscope ....video camera

le carnet de chèques......cheque book

la clé/clef ....key

les lunettes (f) ....pair of glasses

le parapluie ....umbrella

le portefeuille...............wallet

le porte-monnaie..........purse

le sac à dos...................rucksack

le sac à main ....handbag

la valise.........................suitcase

la couleur.....................colour

la date........................... date

la description .... description

le dommage.................. damage

la fiche .... form

la forme........................ shape

la marque .... make

la récompense .... reward

le règlement .... settlement

la taille .... size

perdu .... lost

il y a ....dedans .... there is ....in it

une sorte de................. a sort of

déposer........................ to put down

laisser.......................... to leave

laisser tomber.............. to drop

perdre .... to lose

signaler........................ to report

voler............................. to steal

For **days of week** see page 86

For **colours** see page 79

For **materials** see page 62

Phrases

J'ai perdu mon sac *I've lost my bag*

J'ai dû le laisser dans l'autobus *I must have left it on the bus*

On m'a volé mon portefeuille *My wallet has been stolen*

Vous devez aller au commissariat de police *You'll have to go to the police station*

C'est comment? *What does it look like?*

Il est noir et il est en cuir *It is black and made of leather*

Les problèmes de santé
Health problems

le coup de soleil	sunburn
la diarrhée	diarrhoea
la fatigue	tiredness, fatigue
la fièvre	raised temperature
la grippe	flu
l'insolation (f)	sunstroke
le mal de mer	sea-sickness
le mal de tête	headache
les règles (f)	period
le rhume	cold
la toux	cough

la chute	fall
la crise cardiaque	heart attack
l'indigestion (f)	indigestion
le rhume des foins	hay fever
le symptôme	symptom
constipé	constipated

la piqûre (d'insecte)	(insect) sting, bite
l'abeille (f)	bee
la guêpe	wasp
l'insecte (m)	insect
la mouche	fly
le moustique	mosquito

aller bien* *irreg*	to be well
aller mal*	to be ill
aller mieux*	to be better

avoir chaud *irreg*	to be hot

avoir de la fièvre	to have a raised temperature
avoir froid	to be cold
avoir mal	to hurt
avoir mal à la gorge	to have a sore throat
avoir mal à la tête	to have a headache
avoir mal à l'estomac ...	to have stomach ache
avoir mal à l'oreille	to have earache
avoir mal au cœur	to feel sick
avoir mal au dos	to have backache
avoir mal au ventre	to have stomach ache
avoir mal aux dents	to have toothache
avoir sommeil	to be sleepy
avoir un rhume	to have a cold

être fatigué *irreg*	to be tired
guérir	to cure
ordonner	to prescribe
se remettre* *irreg*	to get better
se sentir*	to feel
soulager †	to relieve pain
tomber* malade	to fall ill

Chez le médecin et chez le dentiste
At the doctor's and the dentist's

le cabinet	surgery (place)
la clinique	clinic
la maladie	illness
le médicament	medicine, treatment
l'ordonnance (f)	prescription
le problème	problem
le remède	remedy
le rendez-vous	appointment

l'assurance (f) ....insurance
l'attestation du médecin (f)
.............................doctor's certificate
la douleur.....................pain
les frais (m)...................expenses, cost
l'opération (f) ....operation
la piqûre.......................injection
le plâtre........................plaster (bones)
le plombage ....filling
les premiers soins (m) ..first aid
la radio.........................X-ray
le secours ....help, assistance

aller* voir *irreg* ....to go and see
garder le lit ....to stay in bed
informer........................to inform
piquer...........................to sting, to inject
prendre la température *irreg*
...............................to take temperature
prendre rendez-vous ....to make an appointment
tousser...........................to cough

avoir peur *irreg*.............to be afraid
conseiller ....to advise
devenir* *irreg*...............to become
éternuer.........................to sneeze
être admis à l'hôpital *irreg*
.........................to be admitted to hospital
faire venir le médicin....to send for the doctor
frissonner......................to shiver
s'inquiéter* † ....to be worried
mordre ....to bite
saigner ....to bleed

se sentir* bien *irreg* ..... to feel well
se sentir* mal *irreg*...... to feel ill
transpirer..................... to sweat
vomir........................... to vomit

A la pharmacie   **At the chemist's**
la croix verte .... green cross
la cuillerée................... spoonful
la température .... temperature
les antibiotiques (m) .... antibiotics
l'aspirine (f) .... aspirin
le cachet .... tablet
le comprimé .... tablet, pill
le pansement .... dressing
la pastille..................... throat sweet
la pilule .... pill
la serviette hygiénique . sanitary towel
le sirop .... cough medicine
le sparadrap® .... plaster, elastoplast®
le suppositoire............. suppository
le tampon hygiénique... tampon

l'après-rasage (m) .... after shave
le coton hydrophile ...... cotton wool
la crème....................... cream
la crème solaire........... sun cream
le dentifrice................. toothpaste
le flacon .... bottle (perfume)
le mouchoir en papier .. tissue
le savon .... soap
le tube .... tube

Phrases

Chez le médecin *At the doctor's*

Qu'est-ce qui ne va pas? *What is the matter?*

Je ne me sens pas bien *I don't feel well*

Pouvez-vous me donner un analgésique? *Can you give me something for the pain?*

Voici une ordonnance pour des comprimés *Here is a prescription for some tablets*

Prenez un cachet quatre fois par jour après chaque repas *Take one four times a day, after meals*

Chez le dentiste *At the dentist's*

J'ai mal aux dents *I have toothache*

Mon plombage a sauté *I've lost a filling*

A la pharmacie *At the chemist's*

Avez-vous quelque chose contre un rhume? *Have you something for a cold?*

J'ai de la fièvre *I have a temperature*

Avez-vous de la crème après-soleil? *Have you any after-sun cream?*

Je voudrais une bouteille de sirop pour la toux *I would like a bottle of cough mixture*

La pharmacie de garde est ouverte dimanche matin *The duty chemist is open on Sunday morning*

Les parties du corps Parts of the body

le bras	arm
la dent	tooth
le doigt	finger
le dos	back
l'estomac (m)	stomach
la gorge	throat
la jambe	leg
la main	hand
l'oreille (f)	ear
le pied	foot
la tête	head
les yeux (m)	eyes

la bouche	mouth
les cheveux (m)	hair
le cou	neck
la figure	face
le front	forehead
la joue	cheek
la langue	tongue
la lèvre	lip
le menton	chin
le nez	nose
l'œil (m), les yeux	eye, eyes
les traits (m)	features
le visage	face

la cheville	ankle
le coude	elbow
la cuisse	thigh

le doigt du pied	toe
l'épaule (f)	shoulder
le genou	knee
le membre	limb
l'ongle (m)	finger nail
l'orteil (m)	toe
le poignet	wrist
le poing	fist
la poitrine	chest, bust
le pouce	thumb
la santé	health
les seins (m)	breasts
la taille	waist
le ventre	stomach, tummy

le cerveau	brain
le cœur	heart
le foie	liver
le muscle	muscle
l'os (m)	bone
la peau	skin
le sang	blood
la voix	voice

Qu'est-ce qui ne va pas?
What's the matter?

allergique à	allergic to
antiseptique	antiseptic
asthmatique	asthmatic
certain	certain, sure
diabétique	diabetic
enrhumé	suffering from a cold

malade ill
souffrant ....unwell

aigu ....acute, sharp
efficace ....effective
enflé............................swollen
fiévreux........................feverish
fragile ....delicate
handicapé....................handicapped
sûr................................certain
surprenant....................surprising
aïe!..............................ouch! ow!

avaler ....to swallow
brûler ....to burn
se brûler* la main ....to burn one's hand
se casser* le bras ....to break one's arm
se couper* le doigt........to cut one's finger
exister ....to exist
faire mal *irreg*..............to hurt
se fouler* la cheville ....to sprain one's ankle

Un accident   An accident

l'accident de voiture (m) ..car accident
l'appel d'urgence (m) ...emergency phone call
le carambolage..............pile-up
la collision ....collision
le dommage ....damage
la fumée ....smoke
l'incident (m)................incident
les premiers secours (m)...first aid
le signal ....sign, signal
le verglas ....black ice

l'ambulance (f) ....ambulance
l'autobus (m) ....bus
le camion ....lorry
le car.............................coach
le casque ....helmet
la moto..........................motorbike
le SAMU ....mobile emergency unit
le véhicule ....vehicle

la voiture ....car

l'adresse (f) ....address
l'alcootest (m).............. breath test
l'assurance (f) .... insurance
le commissariat........... police station
le constat..................... statement
le consulat................... consulate
la gendarmerie .... police station
le nombre .... number
le numéro d'immatricuation
.... registration number
le permis .... licence, permit
la permission............... permission
la police .... police
Police-secours............. police rescue service
le poste de police .... police station

la blessure .... injury
le cri........................... shout
l'excuse (f)................... excuse
la faute .... fault
la priorité .... priority
le problème .... problem
le risque .... risk
la sécurité.................... safety, security
le sens .... direction

l'aide (f) .... help
la chance .... luck, opportunity
le courage................... courage
le danger .... danger
le hasard...................... chance
la malchance .... bad luck

Les gens   People

l'agent de police (m).... policeman
l'ambulancier (m) .... ambulance driver
l'automobiliste (m) ...... car driver
le, la cycliste .... cyclist
le docteur .... doctor
l'infirmier (m), l'infirmière (f) .. nurse

le, la motocycliste .... motorcyclist
le passant .... passer-by
le piéton, la piétonne.... pedestrian
le, la responsable .... the guilty person
le sapeur-pompier .... fireman
le témoin .... witness

avec soin	carefully
avec soin	carefully
immatriculé	registered (car)
lent	slow
rapide	fast
serré.............................	congested
par chance	by chance
par conséquent	consequently
par terre	on the ground
suite à	following, because of

C'est grave?   Is it serious?

blessé .... injured
commotionné .... in shock
courageux .... brave
effrayé......................... frightened
effroyable................... dreadful
épouvantable............... horrifying
épuisé.......................... exhausted
essoufflé...................... out of breath
grièvement blessé .... seriously injured
immobile...................... immobile
mort .... dead
nombreux.................... numerous
sans connaissance .... unconscious

Exclamations   Exclamations

Attention!..................... Look out!
Au feu!.......................... Fire!
Au secours!.................. Help!
D'accord!..................... OK, Agreed!
Hélas!........................... Alas!
Mon Dieu!.................... My goodness!
Pardon!......................... Sorry!
Tiens!........................... Oh!
Zut!.............................. Blow! Blast!

Phrases

Il y a eu un accident *There has been an accident*

Où/Quand cela s'est-il passé? *Where/When did it happen?*

L'accident a eu lieu au carrefour *The accident happened at the crossroads*

Il faut téléphoner à la police/pour une ambulance *We must phone the police/for an ambulance*

Composez le 17 *Dial 17 (Police, Ambulance)*

Composez le 18 *Dial 18 (Fire)*

---

appuyer † .... to lean, push
avoir lieu *irreg*............. to take place
blesser.......................... to injure
se blesser*................... to get injured
cogner .... to knock, bump
dépasser .... to overtake
doubler......................... to overtake
écraser......................... to run over
s'évanouir* .... to faint
faire attention *irreg*...... to pay attention
se faire* mal *irreg* .... to hurt oneself
se heurter* contre .... to crash into
klaxonner .... to sound the horn

percuter .... to crash into (wall)
pleurer .... to cry (weep)
pousser un cri.............. to shout, scream
renverser...................... to knock over
secouer .... to shake
secourir *irreg* .... to help
soulever † .... to raise, lift up

Ma voiture est en panne
My car has broken down

la panne........................ breakdown
le dépannage .... breakdown service

la batterie ....battery

le bruit ....noise

la clé de voiture ....car key

la crevaison..................puncture

le frein ....brake

l'huile (f) ....oil

la marque ....make

le moteur......................engine

le pare-brise ....windscreen

le phare ....headlight

le pneu ....tyre

la portière.....................door

le radiateur...................radiator

le réservoir...................tank

l'accélérateur (m) ....accelerator

l'arrière (m) ....back

l'avant (m)....................front

la banquette ....back seat (car)

la ceinture de sécurité ...seat belt

le coffre ....boot

l'embrayage (m) ....clutch

les feux arrière (m) ....rear lights

le klaxon ....horn

la pièce de rechange .....spare part

le pot d'échappement ...exhaust pipe

la roue (de secours).......(spare) wheel

le siège.........................seat

la vitre..........................window

le volant.......................steering wheel

s'arrêter* net .... to stop dead

cesser (de).................... to stop

courir *irreg*.................. to run

crever †....................... to burst (tyre)

crier........................... to shout

déclarer .... to declare

démarrer...................... to start (engine)

dépanner...................... to fix, repair

se dépêcher* .... to hurry

fonctionner.................. to work

téléphoner à................ to phone

tomber* en panne......... to break down

A la station-service
At the petrol station

le carburant .... fuel

l'essence (f)................. petrol

l'essence sans plomb (f) ...unleaded petrol

le gasoil, gazole .... diesel

l'huile (f)..................... oil

le super........................ leaded petrol

le super sans plomb ..... super unleaded

la boisson .... drink

la carte......................... map

l'eau (f) .... water

l'air (m)....................... air

le litre.......................... litre

le niveau...................... level

la pression des pneus ... tyre pressure

faire le plein *irreg*........ to fill up

vérifier les pneus.......... to check the tyres

Phrases

Je suis tombé(e) en panne *My car has broken down*

C'est quelle marque de voiture? *What make of car is it?*

Quel est votre numéro d'immatriculation? *What is your registration number?*

Où êtes-vous exactement? *Where are you exactly?*

Je suis sur la RN 43 à cinq kilomètres de Calais *I'm on the RN 43, 5 kilometres from Calais*

WORK AND LIFESTYLE

3A   HOME LIFE

Les repas   Meals

le casse-croûte .... snack
le déjeuner .... lunch, midday meal
le dîner .... dinner, evening meal
le goûter .... afternoon snack
le petit déjeuner .... breakfast
le pique-nique .... picnic

For **foods** see page 50
For **times** see page 85
For **days of the week** see page 86

On donne un coup de main
Helping at home

balayer † .... to sweep
débarrasser la table ...... to clear the table
donner à manger au chat ...to feed the cat
laver la voiture .... to wash the car

mettre la table *irreg* ..... to set the table
mettre le couvert .... to set the table
passer l'aspirateur .... to vacuum
préparer les repas .... to get meals ready
promener † le chien ..... to walk the dog
ramasser .... to pick up
ranger † ma chambre.... to tidy my room
repasser .... to iron

faire des courses *irreg*.. to do the shopping
faire du baby-sitting ..... to baby sit
faire du bricolage .... to do odd jobs, DIY
faire du jardinage .... to garden
faire du ménage............ to do housework
faire du repassage......... to iron clothes
faire la cuisine.............. to do the cooking
faire la lessive .... to do the washing
faire la vaisselle .... to wash up
faire mon lit.................. to make my bed

Phrases

Je peux vous donner un coup de main? *Would you like a hand?*
Est-ce que tu peux remplir le lave-vaisselle? *Can you load the dishwasher?*
Chez nous on dîne à huit heures *We have our evening meal at 8*

On fête   We celebrate

Bon anniversaire!......... Happy Birthday!
Bonne année! .... Happy New Year!
Bonne chance! .... Good luck!
Bonne journée! .... Have a nice day!
Félicitations! .... Congratulations!
Joyeuses Pâques! .... Happy Easter!
Joyeux Noël!................ Happy Christmas!
Meilleurs Vœux .... Best Wishes

le bal .... ball
la boum .... party
la cérémonie religieuse ......church ceremony

les festivités .... festivities
la fête des Mères .... Mother's Day
les fiançailles .... engagement
le jour de congé............ day off
la messe....................... Mass
le nouvel an................. New Year
le cinq novembre......... Guy Fawkes Night

le Diwali...................... Divali
la Hanoukka .... Chanukah
le jour de l'An.............. New Year's Day
le jour de Noël .... Christmas Day
le jour de Pâques.......... Easter Day
le jour des Rois .... Twelfth Night

le Mardi gras	Shrove Tuesday
le nouvel an juif	Rosh Hashana
la Pâque juive	Passover
la Pentecôte	Whitsun
le Ramadan	Ramadan
le Réveillon	Christmas Eve
le Sabbat	Sabbath
la Saint-Sylvestre	New Year's Eve
la Toussaint	All Saints (Nov 1st)
la veille de Noël	Christmas Eve
le vendredi saint	Good Friday
le premier mai	May 1st
le quatorze juillet	Bastille Day

Les généralités   General

le cadeau	present
la carte	card
le défilé	procession
la fête d'anniversaire	birthday party
le feu de joie (m)	bonfire
les feux d'artifice (m)	fireworks
les œufs en chocolat (m)	Easter eggs
le Père Noël	Father Christmas
le sapin de Noël	Christmas tree

Les gens   People

le chrétien, la chrétienne	Christian
le Dieu	God
l'hindou (m), l'hindoue (f)	Hindu
le juif, la juive	Jew
le musulman, la musulmane	Muslim
le Pape	Pope
le, la sikh	Sikh

C'était comment?   What was it like?

familial	of the family
religieux, religieuse	religious

aller* au restaurant *irreg*	to go to a restaurant
aller* voir des amis	to visit friends
célébrer †	to celebrate
écouter de la musique	to listen to music
féliciter	to congratulate
fêter	to celebrate
offrir des cadeaux *irreg*	to give presents
organiser	to organise
recevoir des amis *irreg*	to have friends round

For **opinions** see page 76

3B   HEALTHY LIFESTYLE

Vivre sainement
A healthy lifestyle

l'aliment bio (m)......... organic food
les aliments naturels (m)...organic foods
les fruits (m) .... fruit
la graisse .... fat
les légumes (m)............ vegetables
la matière grasse .... fat content
la nourriture .... food
les produits laitiers (m)......dairy products
la restauration rapide ... fast food industry
les sucreries (f) .... sweet things
les vitamines (f) .... vitamins

l'aérobic (m) .... aerobics
l'entrainement quotidien (m)...daily work-out
la forme....................... fitness
l'hygiène (f) .... hygiene
la santé .... health
le sommeil .... sleep

bon pour la santé......... healthy
en bonne santé .... in good health
en forme...................... fit
indispensable .... essential, vital
sain.............................. healthy
souple.......................... athletic, supple
végétarien, végétarienne ...vegetarian

s'entraîner* .... to train
être en pleine forme *irreg*.to be very fit
éviter........................... to avoid
s'exercer* † .... to exercise
garder la ligne .... to keep slim
s'habituer* à .... to get used to
se mettre* au régime *irreg*..to go on a diet
se reposer* .... to rest
respecter...................... to have respect for

For **opinions** see page 76

On achète à manger   Buying food
A la boulangerie   At the baker's

la baguette................... stick of bread
le croissant .... croissant
le gâteau .... cake
le pain.......................... bread
la pâtisserie .... pastries, cakes
la tarte .... tart

A l'épicerie   At the grocer's

le beurre .... butter
le biscuit...................... biscuit
le bonbon .... sweet
le café.......................... coffee
les céréales (f) .... cereals
les chips (m)................. crisps
le chocolat................... chocolate
les corn-flakes (m) .... cornflakes
le fromage .... cheese
la glace .... ice cream
l'œuf (m)...................... egg
le riz .... rice
la soupe .... soup
le sucre .... sugar
le yaourt .... yoghurt

la confiture .... jam
la confiture d'orange .... marmalade
les conserves (f) .... tinned food
la crème....................... cream
la farine .... flour
l'huile (d'olive) (f)....... (olive) oil
la margarine .... margarine
le miel .... honey
la moutarde .... mustard
les pâtes (f).................. pasta
le poivre .... pepper
le sel............................ salt
les spaghettis (m) .... spaghetti
le vinaigre .... vinegar

Des boissons   Drinks

le coca-cola®...............coca cola®
le jus de fruit................fruit juice
le lait...........................milk
le lait complet..............full milk
le lait demi-écrémé.......semi-skimmed milk
le lait écrémé ....skimmed milk
la limonade ....lemonade
l'orangina® (m)...........orangina®
le thé ....tea
la tisane.......................herbal tea

l'alcool (m)..................alcohol
le vin...........................wine
pétillant.......................sparkling (wine)

La viande   Meat

le bifteck......................steak
le bœuf.........................beef
le canard ....duck
la côtelette ....chop
le hamburger.................hamburger
le jambon ....ham
le porc..........................pork
le poulet.......................chicken
le rôti ....joint, roast meat
la saucisse....................sausage
le steak.........................steak
la viande hachée ....mince

l'agneau (m) ....lamb
la dinde ....turkey
les escargots (m)...........snails
le gigot.........................leg of lamb
la merguez ....spicy sausage
le veau ....veal
la viande de cheval ....horsemeat
la volaille.....................poultry

Des légumes   Vegetables

la carotte ....carrot
le champignon ....mushroom
le haricot (vert)............(French) bean

les petits pois (m).........peas
la pomme de terre ....potato
la salade ....lettuce, green salad
la tomate ....tomato

le chou ....cabbage
le chou de Bruxelles .... Brussels sprout
le chou-fleur.................cauliflower
le concombre...............cucumber
le cornichon ....gherkin
la laitue ....lettuce
l'oignon (m).................onion

l'ail (m).......................garlic
l'artichaut (m)..............artichoke
l'aubergine (f) ....aubergine
l'avocat (m)..................avocado
la betterave..................beetroot
les brocolis (m)...........broccoli
la courgette ....courgette
les épinards (m) ....spinach
le maïs.........................sweetcorn
le poireau ....leek
le poivron rouge/vert ... red/green pepper
le radis ....radish

Des fruits   Fruit

la banane ....banana
la fraise ....strawberry
la framboise ....raspberry
l'orange (f)..................orange
la pêche ....peach
la pomme ....apple
le raisin ....grape

l'ananas (m) ....pineapple
la cerise.......................cherry
le citron.......................lemon
le melon ....melon
le pamplemousse ....grapefruit
la poire ....pear
la prune ....plum

51

l'abricot (m)................ apricot

le cassis...................... blackcurrant

le kiwi .... kiwi

la mandarine .... tangerine

la mûre .... blackberry

la nectarine................. nectarine

la noix .... walnut, nut

la pastèque .... water melon

le pruneau .... prune

Des poissons   Fish

l'aiglefin (m)............... haddock

les bâtonnets de poisson (m)....fish fingers

le hareng .... herring

la morue...................... cod

la sardine..................... sardine

le saumon (fumé)......... (smoked) salmon

la sole......................... sole

le thon .... tuna

la truite....................... trout

Les fruits de mer (m)   Sea food

le crabe........................ crab

la crevette................... shrimp

le homard .... lobster

les huîtres (f)............... oysters

les moules (f) .... mussels

C'est comment?   What is it like?

délicieux .... delicious

maison (fait à la maison) ..home-made

biologique .... organic (vegetables)

de la région .... local

naturel........................ organic

amer............................ bitter

épicé............................ spicy

piquant .... savoury, spicy

salé.............................. savoury, salty

sucré............................ sweet

à point .... medium (meat)

bien cuit .... well cooked

bleu .... very rare (meat)

cru .... raw, uncooked

farci .... stuffed

haché .... minced

râpé .... grated

saignant....................... rare (meat)

Comment préparer cela?   How do you make that?

au gratin .... baked with cheese

beurré (bien)................ (well) buttered

bouilli .... boiled

en civet........................ stewed

fariné .... dipped in flour

à feu doux .... on a low heat

à fond .... thoroughly

à four moyen .... in a moderate oven

frit .... fried

grillé .... grilled, toasted

rôti.............................. roast

l'ail (m) .... garlic

la ciboulette................. chives

les épices (f)................ spices

le persil........................ parsley

le poivre .... pepper

le sel .... salt

le basilic .... basil

la cannelle .... cinnamon

la coriande................... coriander

l'estragon (m).............. tarragon

le gingembre .... ginger

la marjolaine .... marjoram

la noix de muscade....... nutmeg

le romarin.................... rosemary

le safran....................... saffron

le thym .... thyme

battre.............................to beat
couper...........................to cut
couvrir *irreg* ....to cover
éplucher........................to peel
mélanger † ....to mix
préparer........................to prepare
rouler ....to roll
sucrer ....to sweeten
verser ....to pour
vider.............................to empty

assaisonner ....to season
découper ....to cut up
égoutter........................to drain
faire bouillir *irreg*.........to bring to the boil
faire cuire......................to cook
faire revenir ....to brown, fry gently
parfumer ....to flavour

une cuillerée à café.......a teaspoonful
une cuillerée à soupe ....a tablespoonful
une pincée de ... .a pinch of ...

Ça se vend comment?
Weights and measures
la boîte .... box, tin
la bouteille .... bottle
le carton .... carton, cardboard box
le paquet...................... packet
la pièce........................ item, piece
le pot .... jar, pot
le tube .... tube

cent grammes de... .... 100 grams of
un demi-litre de............ half a litre of
le gramme .... gram
le kilo .... kilo
le litre.......................... litre
la livre .... 454 g, 1lb

la douzaine.................. dozen
la moitié .... half
le morceau................... piece
la quantité .... quantity
la rondelle .... slice (round)
la tranche..................... slice

For **opinions** see page 76

3C   PART-TIME JOBS, WORK EXPERIENCE

On téléphone   Phoning

A l'appareil.................. It's me (on phone)
Attendez la tonalité...... Wait for dialling code
Introduisez la télécarte. Insert phone card
Ne quittez pas.............. Hold the line
en dérangement............ out of order
occupé........................ busy, engaged

la cabine téléphonique . call box
l'écouteur (m).............. handset
le minitel®.................. home terminal of
                              France Télécom®
le récepteur .... receiver
le répondeur................. answering machine
la télécarte.................. phonecard
la télécopieuse .... fax machine
le (téléphone) portable. mobile (phone)
le téléphone public....... payphone

l'annuaire (m) .... phone book
le chiffre...................... figure, number
le coup de téléphone .... phone call
le courrier électronique......e-mail
le faux numéro............. wrong number
l'indicatif (m).............. code
le mel .... e-mail

le numéro de fax .... fax number
la pièce .... coin
le service de renseignements
.... directory enquiries
le tarif......................... rate, charge
la tonalité .... dialling tone

le correspondant........... caller
le, la standardiste .... operator

appeler †..................... to call
causer .... to chat
composer le numéro..... to dial the number
décrocher le combiné ... to lift the handset
laisser un message........ to leave a message
raccrocher................... to hang up
rappeler † .... to call back
sonner......................... to ring (of phone)
télécopier..................... to fax
téléphoner .... to phone

For **times** see page 85
For **duration of time** see page 86
For **transport** see page 26
For **professions** see page 4

Phrases

Je voudrais parler avec M Durand *I would like to speak to M Durand*
Je vous retéléphone vers quelle heure? *What time shall I ring back?*
Je retéléphonerai vers midi *I'll ring back at midday*
Est-ce que je peux laisser un message? *May I leave a message?*
Est-ce que je peux laisser mon numéro de téléphone? *May I leave my phone number?*

Les petits boulots du samedi
Saturday jobs

le baby-sitting .... baby sitting
l'emploi temporaire (m) ...temporary work
le jardinage .... gardening
le supermarché............ supermarket
le travail .... work

le caissier, la caissière.. till operator
l'employé (m) .... employee
l'employée (f).............. employee
l'employeur (m)........... employer
le serveur.................... waiter

la serveuse ....waitress
le, la stagiaire................trainee
le vendeur ....sales assistant
la vendeuse ....sales assistant

dépenser........................to spend money
faire des économies *irreg*..to save up
gagner de l'argent.........to earn money

l'heure...........................per hour
par mois........................per month
par semaine...................per week

chercher du travail........to look for work
faire un stage *irreg*.......to do work experience
lire les petites annonces *irreg*
...............................to read the small ads
livrer ....to deliver
travailler à temps partiel....part-time work
travailler à plein temps ......full-time work
travailler au supermarché
.... to work at the supermarket
travailler dans un bureau
...............................to work in an office

Les avantages, les inconvénients
Advantages and disadvantages

des petits boulots (m) ...jobs with no security
les heures de travail (f) .hours of work

le travail à la chaîne ..... assembly line work
le travail de bureau ...... a sitting down job
le travail à l'extérieur... outdoor work
le travail à l'intérieur ... indoor work

dangereux.................... dangerous
mal payé...................... badly paid
monotone .... boring

acquérir de l'expérience *irreg*
...................to broaden one's experience
aider les gens .... to help people
avoir beaucoup de contacts humains *irreg*
............................to meet lots of people
s'enrichir* .... to get rich
être isolé *irreg*.............. to be isolated
faire des recherches *irreg*.. to do research
porter un uniforme .... to wear uniform
recevoir des pourboires *irreg*....to get tips
travailler en plein air.... to work outdoors
travailler pour soi........ to work for oneself
travailler jour et nuit .... to work day and night
travailler le week-end .. to work weekends
travailler le soir........... to work evenings
utiliser un ordinateur.... to use a computer
voyager † .... to travel

Phrases

Je travaille trois heures tous les samedis matins *I work for three hours every Saturday morning*

Il y a deux mois j'ai fait un stage dans une usine *Two months ago I did work experience in a factory*

Il est difficile de trouver du travail *It's hard to find work*

3D LEISURE

A la télévision   On TV

la chaîne...................... channel
le documentaire .... documentary
l'émission (f) .... broadcast
le feuilleton.................. serial, soap
les informations (f) ...... news
l'interview (f).............. interview
le mélo .... soap
la météo .... weather forecast
les publicités (f), (pubs).....adverts
le reportage (sportif).... (sports) report
le téléjournal .... TV news

la causerie .... talk show
les faits divers (m) .... news in brief
le flash .... news flash
le jeu concours............. quiz
le journal télévisé........ TV news
les nouvelles (f) .... news
la pièce de théâtre .... play
le programme de variété ...variety programme
la série (policière) .... (detective) series

l'antenne parabolique (f) ..satellite dish
la cassette vidéo........... video cassette
le magnétoscope .... VCR
le son........................... sound
la télécommande.......... remote control
la télévision cablée ...... cable TV
la télévision par satellite ...satellite TV

l'acteur (m), ... (film, TV) actor
l'actrice (f) .... (film, TV) actress
l'héroïne (f)................. heroine
le héros........................ hero
le téléspectateur .... viewer

For **opinions** see page 76

La musique   Music

le jazz......................... jazz
la musique classique .... classical music
la musique pop............. pop music
le rap .... rap
le rock .... rock
en direct .... live (eg radio)

le baladeur................... walkman®
la chaîne stéreo............ stereo system
le disque compact/le CD... compact disc/CD
le magnétophone.......... cassette recorder
la platine laser .... CD player
le chanteur................... singer (male)
la chanteuse................. singer (female)
le groupe .... group

allumer........................ to switch on
apprécier...................... to appreciate
enregistrer .... to record
il s'agit de ... . it is about ...
interviewer .... to interview
rire *irreg*...................... to laugh
zapper.......................... to channel-hop

For **music** also see page 9

Au cinéma   At the cinema

la matinée.................... afternoon performance
la séance...................... (film) screening
l'action (f) .... plot
le film.......................... film
le personnage .... character
la programme .... programme
les sous-titres (m)......... subtitles

l'ouvreuse (f)............... usherette (cinema)
le traître .... villain
la vedette..................... filmstar

Qu'est-ce qu'on passe?   What's on?

les actualités (f) ....news (at the cinema)
le dessin animé ....cartoon
le film à suspense ....thriller
le film comique.............comedy film
le film d'amour.............love film
le film d'aventures........adventure film
le film de guerre ....war film
le film de science-fiction ..science fiction film
le film d'espionnage .....spy film
le film d'horreur ....horror film
le film policier ....detective film
le western....................Western

doublé.........................dubbed
en version française......in the French version
en version originale/en VO
   .... with the original soundtrack
sous-titré ....sub-titled

Au théâtre   At the theatre

le ballet ....ballet
la comédie ....comedy
le drame ....drama
l'entr'acte (m)...............interval (theatre)
l'opéra (m)...................opera
la pièce de théâtre ....play
la représentation ....performance
le rôle...........................role
la scène ....stage (drama)
les spectateurs (m)........audience
la tragédie ....tragedy
la troupe de théâtre ....theatre company

le balcon ....circle
l'orchestre (m)..............stalls

Les gens   People

le comédien ....actor (theatre)
la comédienne..............actress (theatre)
le membre....................member
la tournée ....tour (artist)

C'est quand?   When is it?

hebdomadaire...............weekly
mensuel.......................monthly
pendant le week-end .... at the weekend
quotidien ....daily
toutes les semaines ...... every week

C'est comment?   What is it like?

casse-pieds *inv*.............boring
extra *inv*......................very good, super
extraordinaire...............extraordinary
favori, favorite ....favourite
impressionant...............impressive
magique ....magic
(pas) mal ....(not) bad
passionnant ....exciting
pénible ....unpleasant, painful
préféré.........................favourite
ridicule ....ridiculous
sensass *inv* ....sensational
sensationnel ....sensational

célèbre.........................famous
comique ....funny
courant ....everyday
tragique ....tragic

Si on sortait?   Shall we go out?

Veux-tu venir avec moi?
        Would you like to come with me?

l'invitation (f) ....invitation
la proposition ....suggestion
la rencontre ....(chance) meeting
le rendezvous ....meeting

For **times** see page 85
For **days of the week** see page 86

On accepte   Accepting

avec plaisir..................with pleasure
bien sûr ....of course
bon ....good
Ça dépend ....It depends

certainement .... certainly
C'est gentil .... That's nice of you
d'accord .... OK
entendu .... OK, agreed
Je veux bien .... I'd love to
merci .... thank you
ravi .... delighted
volontiers .... gladly

On refuse   Refusing
C'est impossible, parce que ...
.... It's impossible, because ...
Désolé, mais .... Sorry, but ...
Je regrette, mais ... . I'm sorry, but ...
Je ne peux pas .... I can't
Je ne suis pas libre .... I'm not free
malheureusement .... unfortunately
hésiter .... to hesitate

Où va-t-on?   Where shall we go?
la boîte (de nuit) .... night club
la boum .... party (celebration)
le café .... café
le centre de loisirs .... leisure centre
le centre sportif .... sports centre
le cinéma .... cinema
la discothèque .... disco
les magasins (m) .... shops
le match .... match
le parc .... park
la patinoire .... ice rink
la piscine .... swimming pool
le restaurant .... restaurant
la surprise-partie .... party
le théâtre .... theatre

On se revoit où?
                          Where shall we meet?
à l'arrêt d'autobus .... at the bus stop
dans le café .... in the café
devant le cinéma .... outside the cinema
à la gare .... at the station
dans le restaurant .... in the restaurant

accompagner .... to go with
aller* voir *irreg* .... to go and see
avoir lieu *irreg* .... to take place
décider .... to decide
il faut .... we must, you have to
prendre rendez-vous *irreg*
.... to arrange to meet
proposer .... to suggest
regretter .... to be sorry
se voir* *irreg* .... to meet

On achète des billets   Buying tickets
le billet .... ticket
l'entrée (f) .... entrance (cost)
la place .... seat
le prix .... cost, price
la réduction .... reduction
le tarif .... cost
le tarif étudiant .... student rate
le tarif réduit .... reduced rate
la loterie .... lottery
supplémentaire .... additional, further

l'adulte (m)(f) .... adult
l'enfant (m)(f) .... child
l'étudiant (m), l'étudiante (f) ....student
le groupe .... group

Les heures d'ouverture (f) Opening times
à partir de .... from
jusqu'à .... until
la demi-heure .... half an hour
l'heure (f) .... an hour, one o'clock
le jour férié .... bank holiday
l'ouverture (f) .... opening

On décrit   Describing
Le match   The match
le but .... goal
le commencement .... start
le début .... start

la défaite .... defeat
le match nul .... draw
la victoire..................... win

l'arbitre (m) .... referee
beaucoup de monde ...... lots of people
l'équipe (f)................... team
la foule.......................... crowd
le gardien de but .... goalkeeper
le joueur....................... player
le spectateur................. spectator

déloyal .... unfair
loyal............................. fair
passionnant.................. exciting

battre............................ to beat
gagner .... to win
participer à................... to take part in
perdre........................... to lose

For **sport** see page 7

On lit   **Reading**
l'article (m).................. article
l'article de fond (m)...... feature

le commencement........ beginning
la fin............................ end
le héro .... hero
l'héroïne (f).................. heroine
l'illustré (m)................. glossy magazine
l'intrigue (f) .... plot
le journal..................... newspaper
le livre......................... book
la page......................... page
le rôle .... role
le roman .... novel
le thème .... theme

une espèce de.............. a sort of
une impression............. impression
un machin .... a thingummyjig
une sorte de................. a sort of
un truc......................... a whatsit
un type .... type, fellow

Il s'agit de ... . It's about ...
souhaiter .... to wish
suggérer † .... to suggest

For **opinions** see page 76

3E SHOPPING

Les généralités	General
la boutique	shop
le centre commercial....	shopping centre
le centre-ville	town centre
les courses (f)..............	shopping
le magasin	shop

Les gens	People
le caissier	cashier
la caissière	cashier
le client	customer
le commerçant	shopkeeper
le gérant	manager
le marchand	trader
le vendeur	sales assistant
la vendeuse	sales assistant

Les magasins	Shops
la boucherie	butcher's shop
la boulangerie	baker's shop
la boutique	small shop
la charcuterie	pork butcher's, delicatessen
le coiffeur....................	hairdresser's salon
la confiserie	sweet shop
la crémerie	dairy produce shop
l'épicerie (f).................	grocer's shop
le grand magasin	department store
le kiosque à journaux...	news stand
la pharmacie................	chemist's shop
le salon de coiffure	hairdresser's
le supermarché............	supermarket

la bijouterie.................	jeweller's shop
l'hypermarché (m)	hypermarket
la librairie...................	bookshop
le libre-service	self service
le magasin de vêtements	clothes shop
le marchand de fruits	fruit seller
le marchand de légumes	greengrocer
le marché	market

l'agence de voyages (f)	travel agency
l'alimentation générale (f) ..	convenience store
la grande surface	hypermarket
le nettoyage à sec	dry-cleaning
l'opticien (m)	optician
la papeterie..................	stationer's shop
la parfumerie	perfume shop
la pâtisserie	cake shop
le photographe.............	photographer's
la poissonnerie	fish shop
la quincaillerie	ironmonger's shop
le tabac (bureau de)......	tobacconist's shop

Au magasin	In the shop
le dernier étage.............	top floor
l'entrée principale (f) ...	main entrance
l'étage (m)...................	floor
le rez-de-chaussée	ground floor
le sous-sol	basement

l'ascenseur (m).............	lift
le chariot	trolley
le comptoir	counter
l'escalier roulant (m)....	escalator
le produit....................	product
les provisions (f)	groceries
le rayon	shelf, department
la vitrine	shop window

l'achat (m)...................	purchase
l'article (m)	article
la hausse.....................	rise (price)
la liste.........................	list
la marque	make, brand
le panier	basket
le prix	price
la qualité.....................	quality
le reçu........................	receipt

Des panneaux	Signs, Notices
à vendre	for sale
défense de fumer	no smoking
en vente ici	on sale here
entrée (f)	entrance
entrée libre (f)	browsers welcome
heures d'ouverture (f)	opening hours
libre service	self-service
poussez	push
prix chocs (m)	fantastic prices
(en) promo(tion)	on special offer
soldes (m pl)	sale
sortie (de secours) (f)	(emergency) exit
tirez	pull

15% de rabais	15% reduction
occasion	second-hand
fermeture annuelle (f)	annual holiday
incassable	unbreakable
ouvert tous les jours	open 7 days a week
ouvert 24/24 7/7	open all hours
payez à la caisse	pay at the cash desk
prière de ne pas toucher	please do not touch
prix réduits (m)	reductions

On achète	Buying things
le baladeur	personal stereo
les baskets (f)	trainers
le billet	ticket
le cadeau	present
la cassette	cassette
le CD	CD
les chaussures (f)	shoes
le jeu vidéo	video-game
l'ordinateur (m)	computer
la revue	magazine
les vêtements (m)	clothes
le VTT	mountain bike
la dépense	spending
le manque	lack of
les vacances (f)	holidays

On achète des vêtements	Buying clothes
le blouson	jacket
le chapeau	hat
la chemise	shirt
le chemisier	blouse
la cravate	tie
le jean	pair of jeans
le jogging	tracksuit
la jupe	skirt
le maillot de bain	swimsuit
le manteau	coat
le pantalon	pair of trousers
le pullover	pullover
la robe	dress
le short	pair of shorts
le slip de bain	swimming trunks
le survêtement	tracksuit
le sweat	sweatshirt
le tricot	jumper, sweater
le T-shirt	T-shirt
la veste	jacket

les baskets (f)	trainers
la botte	boot
la chaussette	sock
le chausson	slipper
la chaussure	shoe
une paire de	a pair of …
la pantoufle	slipper
la sandale	sandal
le soulier	shoe
le talon	heel

la chemise de nuit	nightdress
le collant	tights
le pyjama	pyjamas
la robe de chambre	dressing gown
le slip	underpants
les sous-vêtements (m)	underclothes
le soutien-gorge	bra

le bikini....................... bikini
la casquette .... cap
la ceinture .... belt
la culotte .... pants, knickers
le gant .... glove
l'imper(méable) (m) .... raincoat

le complet .... suit (men)
le corsage .... blouse
le costume................... suit (men)
l'écharpe (f) .... scarf
le foulard..................... scarf
le gilet .... waistcoat
le tablier...................... apron
le tailleur..................... suit (lady)

la bague....................... ring
le bijou .... jewel
les boucles d'oreilles (f) ....earrings
le bouton .... button
le col .... collar
le collier...................... necklace
la fermeture éclair® ..... zip fastener
la manche..................... sleeve
la montre..................... watch
le mouchoir (en papier) ..(paper) handkerchief
le parapluie .... umbrella
la poche....................... pocket
le sac .... bag

C'est ...   **It's made of ...**
en argent .... silver
en coton .... cotton
en cuir .... leather
en laine........................ wool
en métal .... metal
en or............................ gold
en plastique................. plastic
en soie......................... silk

Le maquillage   **Make-up**
le démaquillant .... make-up remover

le mascara .... mascara
l'ombre à paupières (f)... eye shadow
le parfum .... perfume
le rouge à lèvres .... lipstick
le vernis à ongles.......... nail varnish
se maquiller*............... to put on make-up

le mannequin............... model, dummy
les mensurations (f)...... measurements
la mode........................ fashion
le style .... style
la taille .... size (clothes)
mesurer .... to measure
réduire .... to reduce

C'est quelle taille?   **What size is it?**
Les vêtements   **Clothes**
petit (1)....................... small
moyen (2).................... medium
grand (3)...................... large
taille 40 .... size 12

C'est quelle pointure? **What size is it?**
Les chaussures   **Shoes**
pointure 38.................. size 5
pointure 42.................. size 8

C'est pour qui?   **Who is it for?**
C'est pour moi .... It's for me
C'est pour offrir .... It's for a present

C'est comment?   **What's it like?**
clair .... light (colour)
foncé .... dark (colour)
rayé............................. striped
uni .... plain coloured

bon marché.................. cheap
différent...................... different
d'occasion .... second hand
entier .... whole, complete
gratuit......................... free
pareil .... similar, the same

à la mode .... fashionable
démodé .... old fashioned
quelque chose de moins cher
.... something cheaper
trop cher .... too expensive
trop court .... too short
trop étroit .... too tight, too narrow
trop grand .... too big
trop large .... too wide

On paie   Paying
l'argent (m) .... money
le billet (de 20 euros) .... (20 euro) note
la caisse .... cash desk
la carte bleue .... French credit card
la carte de credit .... credit card
la carte Visa® .... Visa® card
le cent .... cent
l'euro (m), € .... euro, €
le fric .... money (slang)
la monnaie .... change
le paiement .... payment
la pièce (d'argent) .... coin
le portefeuille .... wallet
le porte-monnaie .... purse
le prix .... price
la quittance .... receipt
le reçu .... receipt
le remboursement .... refund
à l'unité .... per item

généreux .... generous
pauvre .... poor, badly off
riche .... rich

Des verbes utiles   Useful verbs
avoir besoin de *irreg* .... to need
dépenser .... to spend
dépenser trop d'argent
.... to spend too much money
être sans le sou *irreg* ..... to be broke
manquer d'argent .... to be short of money

Qu'est-ce qui ne marche pas?
What is broken/not working?
l'appareil-photo (m) ..... camera
la lampe électrique .... torch
le lave-linge .... washing machine
le lave-vaisselle .... dishwasher
la montre .... watch
l'ordinateur (m) .... computer
la platine-laser .... CD player
la réparation .... repair

Des problèmes   Problems
la fuite .... leak
l'inondation (f) .... flood
la pile .... battery (torch, etc)
la réclamation .... complaint
la tache .... stain
le trou .... hole

cassé .... broken
coincé .... jammed, stuck
crevé .... punctured
déchiré .... torn
déçu .... disappointed
en panne .... broken, not working
pratique .... practical
prêt .... ready
rétréci .... shrunk
satisfait .... satisfied
solide .... strong, solid
usé .... worn out, exhausted

apporter .... to bring
diviser .... to divide
emballer .... to wrap up
exposer .... to display
faire un paquet-cadeau *irreg*... to gift wrap
peser † .... to weigh
plaire *irreg* .... to please
plier .... to fold
promettre *irreg* .... to promise
proposer .... to suggest

prouver	to prove	déchirer	to tear, rip
revenir* *irreg*	to come back	faire nettoyer *irreg*	to have cleaned
		faire réparer *irreg*	to have mended
ajouter	to add	fournir	to supply
calculer	to add up	garantir	to guarantee
devoir *irreg*	to owe	laisser tomber	to drop
être remboursé *irreg*	to get money back	se plaindre* *irreg*	to complain
garder le reçu	to keep the receipt	raccommoder	to mend (clothes)
régler †	to settle, pay up	remplacer †	to replace
suffire *irreg*	to be enough	réparer	to repair
vérifier	to check	reprendre *irreg*	to take back
		rétrécir	to shrink
casser	to break	user	to wear out
critiquer	to criticise		

Phrases

Avez-vous une chemise bleue s'il vous plaît? *Have you got a blue shirt, please?*

Ce pullover coûte combien, s'il vous plaît? *How much is this pullover, please?*

Je regrette, je n'en ai plus *I'm sorry I haven't any left*

Je prendrai ces chaussettes. J'aime la couleur *I'll take these socks. I like the colour*

Je vous dois combien? *How much do I owe you?*

Je préfère les grands magasins. C'est moins cher
  I prefer department stores. The prices are lower

Voulez-vous me rembourser, s'il vous plaît? *Can I have my money back please?*

YOUNG PERSON IN SOCIETY

4A CHARACTER AND PERSONAL RELATIONSHIPS

Le caractère   Character

le bonheur....................happiness
le compliment...............compliment
le comportement...........behaviour
la différence.................difference
l'esprit (m)...................mind, spirit
la façon (de parler) ....manner (of speaking)
l'habitude (f)................habit
l'humeur (f).................mood
l'humour (m)...............humour
l'intérêt (m).................interest
la manière....................way, manner
le sentiment.................feeling

le charme.....................charm
la confiance..................confidence
la curiosité...................curiosity
la douceur....................gentleness
la fierté........................pride
la générosité.................generosity
l'imagination (f)...........imagination
l'intelligence (f)............intelligence
la plaisanterie...............joke
le sens de l'humour ......sense of humour
la sympathie.................liking, friendship

l'arrogance (f)..............arrogance
la colère ....anger
le défaut......................fault
l'égoïsme (m)...............selfishness
la honte........................shame
la jalousie....................jealousy
la paresse ....laziness
le souci........................care, worry

l'amitié (f) ....friendship
l'amour (m) ....love
l'envie (f).....................desire
l'espoir (m)..................hope

l'optimiste (m)(f)......... optimist
le pessimiste................ pessimist

actif............................ active
aimable .... friendly
charmant .... charming
drôle........................... funny
habile .... clever, skilful
honnête .... honest
joyeux .... happy, cheerful
poli............................. polite
positif......................... positive
raisonnable.................. sensible

bête .... stupid
cruel .... cruel
dégoûtant .... disgusting
désagréable .... unpleasant
égoïste........................ selfish
embêtant .... annoying
fâché........................... angry
furieux........................ angry, furious
idiot............................ idiotic
impatient..................... impatient
impoli......................... impolite
négatif .... negative
nerveux .... nervous

curieux .... curious
étonnant .... astonishing
étrange .... strange
exceptionnel................ exceptional
indépendant................ independent
pauvre .... poor
silencieux .... silent
sportif......................... sporty, athletic
surpris .... surprised, amazed

branché........................ with it

65

doué .... gifted
dynamique .... dynamic
équilibré .... balanced
fier .... proud

bien élevé .... well brought up
de bonne humeur .... in a good mood

fou, fol, folle .... mad
imprudent .... careless, foolish
insupportable .... unbearable
jaloux .... jealous
mécontent .... discontented
têtu .... obstinate

de mauvaise humeur .... in a bad mood
en colère .... angry

amoureux (de) .... in love (with)
bizarre .... odd
déçu .... disappointed
encombré .... busy, lumbered with
marrant .... funny
mignon .... cute
romantique .... romantic
sensible .... sensitive

appartenir à .... to belong to

avoir l'air *irreg* .... to seem
décrire *irreg* .... to describe
distinguer .... to distinguish
mériter .... to deserve, merit
paraître *irreg* .... to appear
peser † .... to weigh
reconnaître *irreg* .... to recognise
ressembler à .... to look like
sembler .... to seem

admirer .... to admire
avoir peur *irreg* .... to be afraid
bavarder .... to chatter
se comporter* .... to behave
se disputer* avec .... to quarrel with
embrasser .... to kiss
s'entendre* avec .... to get on with
exagérer † .... to exaggerate
faire la bise (à) *irreg* .... to kiss
faire la connaissance de ...to get to know s.o.
gêner .... to embarrass
se méfier* de .... to mistrust
se moquer* de .... to make fun of
pardonner .... to forgive

For **opinions** see page 76
For **family** see page 1

Phrases

Mes parents ne me comprennent pas *My parents don't understand me*
Ils ne supportent pas mes amis *They don't like my friends*

On fête...　　　We celebrate...

l'anniversaire (m) .... birthday
la fête .... festival, name day
la naissance .... birth
le mariage .... marriage
le mariage civil .... civil ceremony
les noces (f) .... wedding
le repas de réception .... reception
appeler † .... to call

divorcer † de .... to get divorced
épeler † .... to spell
épouser .... to marry
se marier* .... to get married
naître* *irreg* .... to be born
nommer .... to name
obliger † .... to oblige, force

For **celebrations** see page 48

4B ENVIRONMENT

Les ordures ménagères
Domestic waste

la boîte d'acier ....steel can
la boîte d'aluminium ....aluminium can
les déchets (m)..............rubbish
le plastique...................plastic
le métal ....metal
le papier.......................paper
le sac en plastique.........plastic bag
le verre.........................glass

chimique......................chemical
écologique ....ecological
transparent ....clear
urbain...........................urban
vert...............................green

dépasser ....to exceed
détruire *irreg* ....to destroy
gaspiller ....to waste
produire *irreg* ....to produce

Les sources de pollution
Sources of pollution

le carburant..................fuel
la centrale électrique.....power station
la centrale nucléaire......nuclear power station
la circulation ....traffic
les gaz d'échappement (m)......exhaust gases
les industries chimiques (f)
..............................chemical industries
la marée noire ....oil on beach
la nappe de pétrole........oil slick
le pesticide...................pesticide
le pétrole brut ....crude oil
le pétrolier ....oil tanker
la pluie acide................acid rain
la raffinerie ....oil refinery
l'usine (f) ....factory

économique.................economical
émotif..........................emotive
international ....international
irréversible..................irreversible
nucléaire......................nuclear

brûler...........................to burn, parch
menacer † ....to threaten
polluer.........................to pollute
se répandre* ....to spread

For **opinions** see page76
For **home** see page 12
For **transport** see page 26

Améliorer l'environnement
Improving the environment

le centre de recyclage... recycling centre
le combustible fossile .. fossil fuel
les économies d'énergie (f)
.... energy conservation
l'entretien (m).............. maintenance
l'environnement (m).... environment
le recyclage des déchets.... recycling waste
les transports en commun (m)
.... public transport
moins de......................less
plus de.........................more

économiser..................to save
limiter les dégats.......... to limit the damage
s'occuper* de la conservation
.... to work for conservation
recycler ....to recycle
utiliser.........................to use

La conservation   Conservation

l'augmentation (f)........ increase, rise
l'avenir (m)................. future
la cause .... reason, cause

la conséquence............ consequence
l'effet (m)................... effect
la raison .... reason

l'agriculture biologique (f) ...organic farming
l'arbre (m)................... tree
le bois .... wood
le climat..................... climate
la couche d'ozone........ ozone layer
l'énergie (f)................. energy
l'engrais chimique (m) chemical fertiliser
la faune .... wildlife, fauna
les fleurs sauvages (f).. wild flowers
la flore........................ flora
les insecticides (m)...... insecticide
le monde .... world
la nature .... nature
la terre........................ earth
le Tiers Monde............ Third World

For **countryside** see page 18

augmenter .... to increase
se baisser*................... to fall (temperature)
cueillir *irreg*............... to pick
cultiver........................ to grow, cultivate
dessécher †.................. to dry out
monter*....................... to rise (temperature)

Des catastrophes   Disasters

le changement climatique ..change in climate
la crise........................ crisis
la destruction .... destruction

l'effet de serre (m) .... greenhouse effect
l'épidémie (f) .... epidemic
la faim .... hunger
l'incendie (m).............. fire
l'inondation (f)............ flood
la pollution urbaine ...... urban pollution
la sécheresse................ drought
le tremblement de terre ..... earthquake

extrême .... extreme

Les espèces menacées
Endangered species

la baleine (bleue).......... (blue) whale
le dauphin................... dolphin
la défense .... tusk
le fourrage .... fodder
la fourrure .... fur
l'habitat (m) .... habitat
l'ivoire (m).................. ivory
l'orang-outang (m)....... orang-utang
l'ours blanc (m)........... polar bear
le panda géant .... giant panda

blessé.......................... injured, wounded
en danger..................... in danger

mourir* *irreg* .... to die
protéger † .... to conserve, protect
respirer .... to breathe
sauver......................... to save
souffrir *irreg* .... to suffer
tuer .... to kill
vivre *irreg*.................. to live

4C EDUCATION

Les études supérieures
Higher education

la cité ....hall of residence
la faculté de médecine ..medical school
la faculté des lettres ......faculty of arts
la faculté des sciences...faculty of science
la licence......................degree
l'université (f)...............university

La vie scolaire   School life

les adolescents ....teenagers
l'étudiant (m)................student
l'étudiante (f)................student
les parents (m)..............parents
les professeurs (m) ....teachers

les examens (m)............examinations
le travail scolaire ....school work
l'uniforme scolaire (m).school uniform

For **school** see page 20

Le choix   Choice

les arts de représentation ..performing arts
le commerce ....commerce
l'informatique (f)..........ICT
les langues (f) ....languages
la loi.............................law
la musique ....music
la médecine..................medicine
les sciences (f) ....science

aider............................to help
améliorer......................to improve
discuter ....to discuss
être fort en *irreg* ....to be good at
être faible en ....to be poor at
gagner de l'argent.........to earn money

s'intéresser à* .... to be interested in
permettre *irreg*............ to allow
préférer † .... to prefer
réviser .... to revise
sécher les cours † .... to skive off school
trouver ... intéressant... to find ... interesting

For **school subjects** see page 21
For **professions** see page 4

Un an de libre   A gap year

On peut ... . You can ...
gagner de l'argent .... earn money
perdre l'habitude d'étudier
.... get out of the habit of studying
reprendre les études ..... pick up one's studies
voyager † .... travel

La formation   Training

l'apprentissage (m) ...... apprenticeship
les cours du soir (m) .... evening classes
la formation des jeunes
.... youth training scheme
la formation professionnelle
.... vocational training
le stage de formation.... training scheme
le stage en entreprise.... work experience

avoir de bonnes références *irreg*
.... to have good references
obtenir un diplôme *irreg*...to graduate
préparer un diplôme..... to read for a degree

Les gens   People

l'apprenti (m)............... apprentice
l'apprentie (f).............. apprentice
le candidat................... candidate
le, la stagiaire.............. trainee

4D   CAREERS AND FUTURE PLANS

On trouve du travail
Getting a job

le conseil	piece of advice
le curriculum vitæ	CV/curriculum vitæ
la date de naissance	date of birth
les diplômes (m)	diploma, degree
les expériences (f)	experience
la lettre	letter
le lieu de naissance	place of birth
le métier	profession
le nom	surname
le prénom	first name
les qualifications professionnelles (f)	professional qualifications
la responsabilité	responsibility

accuser réception de	to acknowledge receipt of a letter
s'adresser* à	apply to, contact
agréer	to accept
conseiller	to advise
distribuer	to give, hand out
poser sa candidature	to apply for a job
réaliser	to carry out, realise
recevoir *irreg*	to receive

Des qualités   Qualities

la bonne santé	good health
l'intelligence (f)	intelligence
la patience	patience
la politesse	politeness
le sens de l'humour	sense of humour

expérimenté	experienced
honnête	honest
initié à l'ordinateur	computer literate
patient	patient
poli	polite

professionel	professional

qualifié	qualified
travailleur, travailleuse	hard-working

à mi-temps	part-time
à plein temps	full-time
à temps partiel	part-time
bien payé	well-paid
mal payé	badly paid
permanent	permanent
régulier	regular, steady
salarié	wage-earning
temporaire	temporary

Les affaires (f)   Business

la carrière	career
le changement	change
le commerce	trade
la compagnie	company
l'équipe (f)	team
l'occasion (f)	opportunity, occasion
l'offre d'emploi (f)	job offer
le poste	post, job
le projet	plan, project
la situation	situation, job
la tâche	task

l'ambition (f)	ambition
l'augmentation (f)	increase
la concurrence	competition
les conditions de travail (f)	working conditions
la décision	decision
des emplois sans avenir (m)	job without prospects
la grève	strike
l'option (f)	choice
la possibilité de voyager	prospect of travel
la promotion	promotion

les impôts (m)...............taxes

la rémunération............pay

la retraite......................retirement

le salaire......................salary

la sécurité sociale ....social security

la taxe ....tax

à l'étranger...................abroad

à long terme.................long term

sans travail...................out of work

aider les gens ....to help people

gagner de l'argent.........to earn money

porter un uniforme........to wear uniform

utiliser un ordinateur ....to use a computer

Les gens   **People**

l'apprenti (m)...............apprentice

l'apprentie (f)...............apprentice

le chômeur...................unemployed person

la chômeuse.................unemployed person

le, la collègue...............colleague

le directeur commercial .....sales manager

le directeur du marketing...marketing director

le directeur du personnel ...personnel director

la direction...................management

l'employé (m)..............employee

l'employée (f)..............employee

l'employeur (m)...........employer

le patron, la patronne ....boss

le personnel................. staff

arriver* à l'heure .... to arrive on time

arriver* en retard .... to be late

être au chômage *irreg*....... to be unemployed

être bien habillé .... to be well-dressed

être bien organisé........ to be well-organised

envoyer † un email ...... to send an e-mail

faxer........................... to fax, send a fax

Au bureau   **In the office**

l'agenda (m)................. diary

l'annuaire (m) .... phone book

le courrier.................... post, mail

la fiche .... form

le formulaire .... form

le numéro de fax .... fax number

le numéro de téléphone.......... phone number

l'ordinateur (personnel) (m) ..PC, computer

le rendez-vous............. appointment

le répondeur................ answering machine

la réunion .... meeting

le syndicat................... union

la télécopie.................. fax

la télécopieuse............. fax machine

For **professions** see page 4

For **ICT** see page 10

For **opinions** see page 79

4E SOCIAL ISSUES

La publicité   Advertising

l'affiche (f).................. notice, poster
l'annonce (f) .... advert
le catalogue .... catalogue
l'internet (m).............. internet
le journal..................... newspaper
le marketing .... marketing
la publicité, la pub .... advertising
la radio........................ radio
la réclame.................... advert
la revue .... magazine
le slogan publicitaire.... advertising slogan
la télévision................. television

Les petites annonces   Small ads

l'appartement (m)........ flat
le gîte .... holiday home
la location .... hiring, hire
la maison..................... house
le mariage .... marriage
la mort......................... death
la naissance .... birth
le plaisir .... pleasure
les prix bas (m)............ low prices
les prix intéressants (m).....good value
les produits (m)........... products
la récompense .... reward
les vacances (f) .... holidays
la valeur .... value
le vélo .... bike
la vente........................ sale
la voiture..................... car
le VTT .... mountain bike

à louer .... for hire
à vendre .... for sale
approprié..................... appropriate, suitable
bon marché .... cheap
d'occasion................... second hand
domestique................. domestic

en promotion............... on special offer
en solde .... in the sales
moins cher................... less expensive
prix à débattre .... price negotiable

Les jeunes   Young people

l'adolescent (m) .... teenager
l'adolescente (f) .... teenager
le copain...................... friend, mate
la copine...................... friend, mate
le petit ami .... boyfriend
la petite amie.............. girlfriend

Des problèmes   Problems

l'allocation (f) .... allowance, benefit
l'asile (m).................... refuge, asylum
le boulot .... job
les boutons (m) .... spots, zits
le chômage .... unemployment
la colle........................ detention
la difficulté.................. difficulty
le divorce .... divorce
la drogue .... drug
l'emploi (m)................. work
l'ennui (m) .... problem
le licenciement .... redundancy
le manque d'argent....... lack of money
la mode........................ fashion
la musique pop............ pop music
la peine........................ sadness, trouble
le racisme .... racism
le vandalisme .... vandalism
la violence .... violence

agacé .... annoyed
désavantagé................. disadvantaged
doué............................. gifted
ennuyant...................... boring
ennuyé......................... bored
étonné.......................... astonished

gâté ....spoiled
obligatoire.....................compulsory
privilégié......................privileged
loin de la ville..............a long way out of town
bien informé ....well-informed
mal informé ....ill-informed
sans abri.......................homeless
sans travail...................out of work

aider à la maison...........to help in the house
se coucher* tard............to go to bed late
se coucher* tôt..............to go to bed early
faire la vaisselle *irreg*...to do the washing up
fréquenter ....to go out with s.o
gagner de l'argent.........to earn money
se lever* † tard ....to get up late
ranger † sa chambre......to tidy one's room

approuver......................to approve of
se battre* ....to fight
comprendre *irreg*..........to understand
critiquer ....to criticise
se débrouiller*..............to get on with it
décevoir *irreg*..............to deceive
désobéir ....to disobey
dire la vérité *irreg*........to tell the truth
se disputer*...................to argue
s'ennuyer* † ....to be bored
s'entendre* bien avec ...to get on well with
fâcher ....to annoy
se fâcher*......................to get angry
s'inquiéter*...................to worry
insulter..........................to insult
licencier ....to dismiss
mentir *irreg* ....to lie
permettre *irreg*..............to allow
renvoyer † ....to expel
rigoler ....to have fun
rougir ....to blush
soupçonner ....to suspect
se souvenir* de ....to remember

Problèmes de bien-être
Welfare problems

l'alcool (m)..................alcohol
les amphétamines (f)....amphetamines
la drogue ....drug
l'héroïne (f)..................heroin (drug)
le tabac........................tobacco

l'alcoolisme (m)...........alcoholism
l'anorexie (f)...............anorexia
la boulimie..................bulimia
la dépendence ....addiction (drug)
la grossesse ....pregnancy
l'hypertension (f).........high blood pressure
l'ivrognerie (f).............drunkenness (habitual)
le SIDA.......................Aids
le stress ....stress
la surdose ....overdose

le drogué, la droguée....drug addict
le fumeur.....................smoker
le renifleur de colle......glue sniffer
le toxico ....junkie

anorexique ....anorexic
obèse ....obese
ivre..............................drunk

abîmer ....to damage (health)
cracher ....to spit
se droguer* ....to take drugs
essayer † une drogue....to try drugs
fumer...........................to smoke
grossir ....to put on weight
maigrir ....to lose weight
protester ....to protest
ralentir.........................to slow down

La pression ...	Pressure ...
des média	of the media
des pairs	peer
des parents	parental
des professeurs	teacher
du racisme	racial
de la vie d'aujourd'hui.	....of life today

agité	upset
énervé	upset
stressé	stressed out
tendu	tense

être sous pression *irreg*.....to be under pressure
exercer † une pression sur ....to put pressure on

Le crime   Crime

l'agression (f)	mugging, attack
le cambriolage	burglary
le cas	case
le crime	crime
la dispute	fight, quarrel

l'agent de police (m)	policeman
le flic (slang)	policeman
l'individu (m)	individual
le juge	judge
le juge d'instruction	examining magistrate
le malfaiteur	criminal
le prisonnier	prisoner
le témoin	witness

l'arme (f)	weapon
le fusil	rifle
le revolver	revolver

l'amende (f)	fine
la bêtise	stupid mistake
la découverte	discovery
le détail	detail

la dispute	argument
l'explication (f)	explanation
le motif	reason, motive
la preuve	proof
la prison	prison
le soupçon	suspicion
le témoignage	evidence
la vérité	truth

coupable	guilty
criminel	criminal
illégal	illegal
inadmissible	inadmissible
inconnu	unknown
innocent	innocent
mystérieux	mysterious

s'approcher* de	to approach
arrêter	to stop, arrest
attaquer	to attack
cambrioler	to burgle
commettre *irreg*	to commit
s'échapper*	to escape
s'évader*	to escape
fuire *irreg*	to flee
saisir	to seize

constater	to note
découvrir *irreg*	to discover
douter	to doubt
enfermer	to lock up
identifier	to identify
interdire *irreg*	to forbid
intervenir *irreg*	to intervene
juger †	to judge
remarquer	to notice
surprendre *irreg*	to surprise, discover
taper sur	to hit
trembler	to shake, shiver

COUNTRIES, REGIONS, TOWNS

L'Union européenne   **The European Union**

Country	Meaning	Language	Inhabitant	Adjective
l'Angleterre (f)	England	l'anglais	un(e) Anglais(e)	anglais(e)
l'Écosse (f)	Scotland	l'anglais	un(e) Écossais(e)	écossais(e)
l'Irlande du Nord (f)	N Ireland	l'anglais	un(e) Irlandais(e)	irlandais(e)
l'Irlande (l'Eire) (f)	Irish Republic	l'irlandais, l'anglais	un(e) Irlandais(e)	irlandais(e)
le Pays de Galles	Wales	le gallois, l'anglais	un(e) Gallois(e)	gallois(e)
l'Allemagne (f)	Germany	l'allemand	un(e) Allemand(e)	allemand(e)
l'Autriche (f)	Austria	l'allemand	un(e) Autrichien(ne)	autrichien(ne)
la Belgique	Belgium	le français, le flamand	un(e) Belge	belge
le Danemark	Denmark	le danois	un(e) Danois(e)	danois(e)
l'Espagne (f)	Spain	l'espagnol	un(e) Espagnol(e)	espagnol(e)
la Finlande	Finland	le finnois	un(e) Finlandais(e)	finlandais(e)
la France	France	le français	un(e) Français(e)	français(e)
la Grèce	Greece	le grec	un Grec, une Grecque	grec, grecque
l'Italie (f)	Italy	l'italien	un(e) Italien(ne)	italien(ne)
le Luxembourg	Luxembourg	le français, l'allemand	un(e) Luxembourgeois(e)	luxembourgeois(e)
les Pays Bas (m)	Netherlands	le néerlandais	un(e) Néerlandais(e)	néerlandais(e)
le Portugal	Portugal	le portugais	un(e) Portugais(e)	portugais(e)
la Suède	Sweden	le suédois	un(e) Suédois(e)	suédois(e)

Other countries

les Antilles (f) .... West Indies
le Canada .... Canada
les États-Unis (m) .... America
l'Inde (f) .... India
le Japon .... Japan
le Royaume-Uni .... UK
la Russie .... Russia
la Suisse .... Switzerland

Regions and towns

la Bretagne .... Brittany
la Bourgogne .... Burgundy
les Cornouailles (f) .... Cornwall
le Côte d'Azur .... French Riviera
les îles anglo-normandes .. Channel Islands

le Midi .... South of France
la Normandie .... Normandy
Bruxelles .... Brussels
Cantorbéry .... Canterbury
Douvres .... Dover
Edimbourg .... Edinburgh
Genève .... Geneva
Londres .... London

Seas and rivers

la Manche .... English Channel
le Pas de Calais .... Straits of Dover
la Mer d'Irlande .... Irish Sea
la Mer du Nord .... North Sea
la Méditerranée .... Mediterranean Sea
la Tamise .... Thames

ESSENTIAL VOCABULARY

Opinions

Quel est votre/ton avis?	What is your opinion?
J'aime	I like
Je n'aime pas	I don't like
J'adore	I love
Je déteste	I hate
J'ai horreur de …	I hate …
Je ne supporte pas …	I can't stand …
Je préfère	I prefer
J'aime mieux	I prefer
Je suppose que oui	I suppose so
Je suis de votre/ton avis	I share your opinion
Je suis tout à fait d'accord	I quite agree
Vous avez/Tu as raison	You are right
Moi, je pense que …	I think that …
Je crois que oui	I think so
Je dois admettre que …	I must admit that …
Je ne sais pas	I don't know
C'est possible	It's possible
Cela dépend	That depends
On dit que …	They say that …
Bien sûr	Certainly
La plupart des gens sont d'accord	Most people agree
Tout le monde est d'accord	Everyone is agreed
au contraire	on the contrary
Je ne crois pas	I don't think so
Vous avez/Tu as tort	You are wrong
Je ne suis pas d'accord	I don't agree
A mon avis, c'est la faute de …	I blame …

Justifications

Je l'aime	**I like it**
C'est amusant	It's amusing
C'est délicieux	It's delicious
C'est facile	It's easy
C'est intéressant	It's interesting
C'est passionnant	It's fascinating
C'est superbe	It's wonderful
C'est utile	It's useful
Il est sympa	He's nice

Elle est gentille .... She's nice

Ça m'intéresse .... It interests me
Ça me passionne .... It fascinates me
Ça me divertit .... It amuses me
Ça me fait rire .... It makes me laugh
Ça vaut la peine .... It's worth it

Je ne l'aime pas   I don't like it
C'est compliqué .... It's complicated
C'est dégoûtant .... It's disgusting
C'est difficile .... It's difficult
C'est embêtant/énervant .... It's annoying
C'est ennuyeux .... It's boring
C'est horrible .... It's horrible
C'est incroyable .... It's unbelievable
C'est infect .... It's absolutely disgusting
C'est pénible .... It's awful

C'est trop cher .... It's too dear
C'est trop compliqué .... It's too complicated
C'est trop difficile .... It's too difficult
C'est trop loin .... It's too far away
C'est trop long/court .... It's too long/short
C'est une perte de temps .... It's a waste of time
Ce n'est pas pratique .... It's not practical
Ce n'est pas possible .... It's not possible

Ça m'agace .... It irritates me
Ça m'embête .... It annoys me
Ça m'énerve .... It gets on my nerves
Ça m'ennuie .... It bores me
Ça me fatigue .... It makes me tired
Ça ne me va pas .... It doesn't suit me
Je n'ai pas d'argent .... I have no money
Je n'ai pas le temps .... I have no time
J'en ai marre .... I'm fed up with it

Excuses
Excusez-moi .... I'm sorry
Quel dommage .... What a pity
Je ne l'ai pas fait exprès .... I didn't do it on purpose

Je suis désolé .... I am very sorry

Neutral comments

De rien .... Don't mention it
Il n'y a pas de mal...................................... There's no harm done
Il n'y a pas de quoi..................................... Don't mention it
Ça m'est égal .... I'm not bothered
Ça ne fait rien .... It doesn't matter
Ça ne me dit rien.. I don't feel like it
Je vous en prie .... Don't mention it
Ne vous en faites pas .... Don't worry
N'en parlons plus.. Let's forget it
Sans doute.. Without doubt
Je n'ai pas la moindre idée .... I have the faintest idea

Questions

Combien (de)...? .... How (many)...?
Comment est...? .... What is ... like?
Comment? .... How?
D'où? .... Where from?
Où? .... Where?
Peut-on...?................... Can we...?
Pourquoi?................... Why?
Puis-je...? .... May I...? Can I...?

Quand?........................ When?
Quel, Quels? (m)......... Which?
Quelle, Quelles? (f)...... Which?
Qu'est-ce que? .... What?
Qu'est-ce qui?............. What?
Qui? .... Who?
Quoi? .... What?

(à) quelle heure? .... At what time?
Ça coûte combien? .... How much does it cost?
C'est quel jour? .... Which day is that?
Combien de temps? .... How long?
Comment dit-on en français? .... How do you say it in French?
Comment t'appelles-tu? .... What's your name?
De quelle couleur?....................................... What colour?
De quelle direction?..................................... From which direction?
Est-ce que je pourrais ...?............................. Could I ...?
Quelle est la date?.. What's the date?
Quelle heure est-il?...................................... What time is it?
Tous les combien? .... How often?

Prepositions

à	to
après	after
avant	before
avec	with
chez	at (the house of)
dans	in
de	of
depuis	since
derrière	behind
devant	in front of
en	in
en face de	opposite
entre	between
jusqu' à	as far as, till
par	by
pendant	during
pour	for
près de	near
sans	without
sous	under
sur	on
vers	towards

à part	beside, apart from
à travers	through
au bout de	at the end of
au dessous de	under
au dessus de	above
au fond de	at the bottom of
au milieu de	in the middle of
contre	against
dès	from
hors (de)	out of, outside
le long de	along
malgré	in spite of
par-dessus	over
parmi	among
à peu près	about
quant à	as for
sauf	except

selon	according to

Conjunctions

car	because
comme	as
donc	so, therefore
et	and
mais	but
ou	or
parce que	because
pendant que	while
quand	when
si	if

alors que	just as, while
dès que	as soon as
lorsque	when
or	now
puisque	since
tandis que	while

Colours

blanc, blanche	white
bleu	blue
bleu clair *inv*	light blue
bleu foncé *inv*	dark blue
bleu marine *inv*	navy blue
brun	brown
gris	grey
jaune	yellow
mauve	mauve
noir	black
orange	orange
pourpre	crimson, purple
rose	pink
rouge	red
sombre	dark
vert	green
violet, violette	purple

Adjectives

beau	handsome, fine
bon	good
chaud	hot, warm
cher	dear, expensive
content	pleased, happy
dernier	the last, the latest
difficile	difficult
ennuyeux	boring
excellent	excellent
facile	easy
faux	wrong, false
fermé	closed
froid	cold
gentil	kind
grand	big, great, tall
gros	big, fat
important	important
intelligent	intelligent
intéressant	interesting
mauvais	bad
moche	rotten, ugly, lousy
moderne	modern
normal	normal
nouveau	new
ouvert	open
petit	little, small, young
préféré	preferred
probable	probable
terrible	terrible
sympa(thique)	nice
vieux	old
vrai	true

agréable	pleasant
amusant	amusing
calme	calm, quiet
chouette (slang)	great
désagréable	unpleasant
fatigué	tired
formidable	great, terrific
fort	strong

heureux	happy
impossible	impossible
jeune	young
malheureux	unhappy, unfortunate
nécessaire	necessary
pittoresque	picturesque
possible	possible
prochain	next
sage	well-behaved, wise
spécial	special

affreux	awful, ugly
ancien	old, ex-
barbant (slang)	boring
bas	low
bruyant	noisy
court	short
doux	mild, sweet, gentle
énorme	enormous
évident	obvious
faible	weak
frais	cool, fresh
général	general
génial	fantastic, great
inquiet	anxious
joli	pretty
juste	exact, fair, tight
laid	ugly
leger	light
long	long
magnifique	wonderful
méchant	naughty, spiteful
neuf	new, brand new
paresseux	lazy
propre	clean, own
rond	round
sale	dirty
sérieux	serious
timide	shy
tranquille	peaceful, calm
triste	sad
vif	lively, keen

Adverbs

Common adverbs

alors	then
assez	enough, fairly, rather
aussi	also, as well, too
beaucoup	a lot
bien	well
bientôt	soon
d'abord	first, first of all
de bonne heure	early
déjà	already
en général	usually
encore	again, still
enfin	at last, finally
finalement	finally
heureusement	fortunately
maintenant	now
malheureusement	unfortunately
normalement	usually, normally
par exemple	for example
pas du tout	not at all
peut-être	perhaps, maybe
plutôt	rather
puis	then, next
quelquefois	sometimes
toujours	always, still
tous les jours	every day
tout de suite	at once
très	very
trop	too
vite	quickly, fast
vraiment	really

Adverbs of place

dehors	outside
ici	here
là	there
là-bas	over there
là-haut	up there, upstairs
partout	everywhere

Adverbs of manner

à la hâte	in a hurry
à toute vitesse	at top speed
aussitôt	straight away
brièvement	briefly
lentement	slowly
rapidement	quickly
soudain	suddenly
tout à coup	suddenly

Adverbs of time

actuellement	at the moment, currently
autrefois	in the past
continuellement	continually
de nouveau	again
de temps en temps	from time to time
d'habitude	usually
en ce moment	now
en même temps	at the same time
en retard	late
encore une fois	one more time
ensuite	afterwards, next, then
immédiatement	immediately
le lundi	on Mondays
longtemps	for a long time
parfois	sometimes
recémment	recently
tard	late
tôt	early

Adverbs of degree

à peine	hardly, scarcely
absolument	absolutely
au moins	at least
complètement	completely
également	equally, evenly
énormément	tremendously
environ	about
exactement	exactly, precisely
extrêmement	extremely
peu	little, not much
précisément	exactly, clearly

presque......................... almost, nearly
probablement.............. probably
rarement...................... rarely
seulement.................... only
spécialement.............. specially
suffisamment.............. sufficiently
surtout........................ above all, especially
tout à fait.................... quite, completely
vers .... towards, about

Other adverbs

affectueusement........... with best wishes
ainsi .... thus
amicalement................. with best wishes
autrement.................... differently, otherwise
bien entendu................ of course
cependant.................... however
correctement .... correctly
couramment................ fluently
d'ailleurs..................... moreover
donc .... so, therefore
doucement................... gently
effectivement .... actually, really
en vain .... in vain
ensemble...................... together
évidemment .... of course, obviously
franchement................ frankly
obligatoirement........... compulsorily
par contre .... on the other hand
par hasard.................... by chance, accidentally
poliment...................... politely
pourtant....................... yet, however
silencieusement........... silently
soigneusement .... carefully
tout de même .... all the same
volontiers .... gladly

Verbs

Essential verbs

aimer........................... to like
arriver*........................ to arrive, happen
demander..................... to ask (for)
écouter........................ to listen (to)
entrer* .... to go in, into
jouer........................... to play
parler........................... to speak, talk
travailler..................... to work

acheter †...................... to buy
commencer †............... to begin
manger † .... to eat

aller* *irreg*.................. to go
avoir *irreg*.................. to have
boire *irreg*.................. to drink
être *irreg* .... to be
faire *irreg*.................. to do, make
mettre *irreg*............... to put, put on
sortir* *irreg*............... to come out, go out
venir* *irreg*................ to come
voir *irreg*................... to see

Very important verbs

chercher....................... to look for
commander .... to order
se coucher* .... to go to bed
coûter .... to cost
décider........................ to decide (to)
déjeuner...................... to have lunch
descendre* .... to come/go down
détester....................... to hate
donner .... to give
finir .... to finish
habiter .... to live
s'intéresser* à .... to be interested
se laver* .... to get washed
monter* .... to climb, get into
porter.......................... to wear, carry
regarder .... to look at

rester*	to stay
visiter	to visit (place)
s'appeler* †	to be called
espérer †	to hope
se lever* †	to get up
payer †	to pay (for)
préférer †	to prefer
se promener* †	to go for a walk
devoir *irreg*	to have to, must
dire *irreg*	to say, tell
écrire *irreg*	to write
lire *irreg*	to read
partir* *irreg*	to leave, set off
pouvoir *irreg*	can, may, be able to
vouloir *irreg*	to want (to)

Important verbs

aider	to help
s'amuser*	to have a good time
danser	to dance
désirer	to want
durer	to last
entendre	to hear
fermer	to close, shut
gagner	to earn, win
inviter	to invite
montrer	to show
oublier	to forget
penser	to think
perdre	to lose, waste
poser	to put (down)
quitter	to leave
rentrer*	to come back
répondre	to reply, answer
réserver	to reserve
se trouver*	to be situated
vendre	to sell
voler	to fly, steal

changer †	to change
envoyer †	to send
essayer †	to try (on)
nager †	to swim
dormir *irreg*	to sleep
ouvrir *irreg*	to open, switch on
prendre *irreg*	to take, catch, have
savoir *irreg*	to know

Useful verbs

s'arrêter*	to stop (o.s)
attendre	to wait (for)
se baigner*	to bathe, swim
chanter	to sing
choisir	to choose
compter	to count
déclarer	to declare
fumer	to smoke
laver	to wash
louer	to hire, rent
marcher	to work, walk
pleurer	to weep, cry
pousser	to push
raconter	to tell (story)
refuser	to refuse
remplir	to fill, fill in
rencontrer	to meet, bump into
réparer	to repair
retourner*	to return, go back
rouler	to drive, go (by car)
tomber*	to fall
tourner	to turn
traverser	to cross (road, water)
trouver	to find
jeter †	to throw
nettoyer †	to clean
voyager †	to travel
apprendre *irreg*	to learn
offrir *irreg*	to give, offer
tenir *irreg*	to hold

Les nombres cardinaux Cardinal numbers

0	zéro	20	vingt	80	quatre-vingts
1	un, une	21	vingt et un	81	quatre-vingt-un
2	deux	22	vingt-deux	82	quatre-vingt-deux
3	trois	23	vingt-trois	90	quatre-vingt-dix
4	quatre	24	vingt-quatre	91	quatre-vingt-onze
5	cinq	25	vingt-cinq	92	quatre-vingt-douze
6	six	26	vingt-six	100	cent
7	sept	27	vingt-sept	101	cent un
8	huit	28	vingt-huit	105	cent cinq
9	neuf	29	vingt-neuf	110	cent dix
10	dix	30	trente	150	cent cinquante
11	onze	31	trente et un	300	trois cents
12	douze	40	quarante	308	trois cent huit
13	treize	41	quarante et un	400	quatre cents
14	quatorze	50	cinquante	406	quatre cent six
15	quinze	60	soixante	1000	mille
16	seize	70	soixante-dix	2003	deux mille trois
17	dix-sept	71	soixante et onze	5000	cinq mille
18	dix-huit	72	soixante-douze	1.000.000	un million
19	dix-neuf	79	soixante-dix-neuf	1.000.000.000	un milliard

Remember that
vingt et un, trente et un, quarante et un, cinquante et un, soixante et un, soixante et onze **are not** hyphenated, but quatre-vingt-un and quatre-vingt-onze **are** hyphenated.

La date The date

C'est aujourd'hui le premier septembre .... Today is September 1st
C'est aujourd'hui le deux janvier .... Today is January 2nd
C'est aujourd'hui le huit mars .... Today is March 8th
C'est aujourd'hui le onze avril .... Today is April 11th
C'est aujourd'hui le dix-neuf mai .... Today is May 19th
C'est aujourd'hui le quatorze juillet .... Today is July 14th
Mon anniversaire est le dix novembre .... My birthday is November 10th
Je suis né(e) en dix-neuf cent quatre-vingt-huit .. I was born in 1988

Les nombres ordinaux

premier, première ....first
deuxième ....second
troisième....................third
quatrième....................fourth
cinquième ....fifth
sixième ....sixth
septième......................seventh
huitième.....................eighth
neuvième ....ninth
dixième......................tenth
onzième ....eleventh

Ordinal numbers

douzième.....................twelfth
treizième......................thirteenth
quatorzième.................fourteenth
quinzième....................fifteenth
seizième ....sixteenth
dix-septième................seventeenth
dix-huitième................eighteenth
dix-neuvième ....ninteenth
vingtième ....twentieth
vingt et unième.............twenty-first
vingt-deuxième ....twenty-second

Quelle heure est-il?

Il est une heure .... It is one o'clock
Il est deux heures...................................... It is two o'clock
Il est trois heures cinq............................... It is five past three
Il est quatre heures dix.............................. It is ten past four
Il est cinq heures et quart.......................... It is quarter past five
Il est six heures vingt................................. It is twenty past six
Il est sept heures vingt-cinq....................... It is twenty five past seven
Il est huit heures et demie.......................... It is half past eight
Il est deux heures moins vingt-cinq.......................... It is twenty five to two
Il est trois heures moins vingt.................... It is twenty to three
Il est quatre heures moins le quart............................ It is quarter to four
Il est cinq heures moins dix....................... It is ten to five
Il est six heures moins cinq .... It is five to six

Il est midi.. It is midday, noon
Il est midi cinq.. It is five past twelve (midday)
Il est midi et quart..................................... It is quarter past twelve
Il est midi moins le quart........................... It is quarter to twelve
Il est minuit.. It is midnight
Il est minuit dix .... It is ten past twelve (night)
Il est minuit et demi.................................. It is half past twelve (night)
Il est minuit moins dix............................... It is ten to twelve (night)

Telling the time

Il est vingt heures (20h)............................. 20:00
Il est vingt-deux heures quinze (22h15)..................... 22:15
Il est dix-huit heures trente (18h30) 18:30
Il est treize heures quarante-cinq (13h45) 13:45

Cela dure:

un quart d'heure	a quarter of an hour
une demi-heure	half an hour
trois quarts d'heure	¾ of an hour

It lasts:

une heure	an hour
une heure et quart	an hour and a quarter
une heure et demie	an hour and a half

Matin, midi et soir

le jour	day
la nuit	night
le matin	morning

Parts of the day

l'après-midi (m)	afternoon
le soir	evening
tous les jours	every day

Les jours de la semaine

lundi	Monday
mardi	Tuesday
mercredi	Wednesday
jeudi	Thursday

Days of the week

vendredi	Friday
samedi	Saturday
dimanche	Sunday

Les mois de l'année

janvier	January
février	February
mars	March
avril	April
mai	May
juin	June

Months of the year

juillet	July
août	August
septembre	September
octobre	October
novembre	November
décembre	December

Les saisons

l'hiver (m)	winter
le printemps	spring

Seasons

l'été (m)	summer
l'automne (m)	autumn

La France

NOTES